自動詞と他動詞の教え方を考える

［編］
江田 すみれ
堀 恵子
Goda, Sumire
and
Hori, Keiko

Kurosio

はじめに

　本書は 2017 年 10 月に日本女子大学で開催された公開シンポジウムの発表をもとにまとめた論文によって成り立っている。このシンポジウムは日本女子大学文学部学術交流企画，日本女子大学大学院文学研究科主催，機能語用例文データベース『はごろも』研究会共催で行った。同シンポジウムは 2010 年から 2018 年まで毎年 1 回テーマを変えて開催され，多くの研究者，大学院生，現場の日本語教師の来場者があった。2015 年までの成果は『習ったはずなのに使えない文法』(くろしお出版，2017 年)にまとめた。

　2016 年に行ったシンポジウムでは，現場の先生方に，授業において困っていることをアンケート形式であげていただいた。その中に自動詞・他動詞に問題があるとの回答が多かったため，2017 年は自動詞・他動詞をとりあげることにした。

　自動詞・他動詞に関しては長い研究の歴史があり，多くの知見が発表されている。本書は第二言語習得，日本語学，対照研究，コーパス研究などの各分野の研究者がそれぞれの視点から考察・報告したものと，授業実践に関するものから成っている。

　以下に各論文の内容を簡単に紹介する。

　中石ゆうこ「日本語の対のある自動詞，他動詞の習得段階とそれに適した指導方法」は，自動詞・他動詞の問題を全体的に整理している論文である。これまで日本語教育現場において日本語教師や研究者によって指摘された自動詞・他動詞についての困難点を整理し，それを，日本語学，第二言語習得研究の研究成果を用いて解説している。その上で，学習者を対象に，既知語調査を行い，その結果を示している。そして，それらの研究をふまえ，自動詞・他動詞の習得段階は他動詞が容易で自動詞が困難であるという見方をするのでなく，自動詞・他動詞の動詞を語

別に捉える必要性を述べている。

中俣尚己「日本語母語話者は本当に自動詞を好むのか？」は，我々が
よく接する「日本語は「なる言語」であり，自動詞を好む。」という言
説について，それは正しいかコーパスを用いて使用実態を調査した論文
である。レジスター別に見ると，自動詞の割合が高いものと低いものが
あり，専門性が高く硬い文体ほど自動詞が使われる割合が低く，日常会
話では自動詞の割合が高いという結果を報告しており，日常会話におい
ては日本語が自動詞を好む言語であるという表現は当たっていると述べ
ている。そしてこの結果は，責任をどう表現するかと関わっているとし
ている。また，初級教科書で紹介される自動詞・他動詞について，その
コロケーションを調べ，書き言葉と話し言葉ではコロケーションが異
なっていることを示している。

李在鎬「学習者作文と自他の使用頻度」は，以下の3点の研究課題に
ついて，学習者コーパスを用いて調査を行った。

1) 母語によって自他の使用頻度に差はあるのか。
2) 習熟度によって自他の使用頻度に差はあるのか。
3) 作文の課題によって自他の使用頻度に差はあるのか。

その結果，自動詞・他動詞の使用頻度は母語による差はないこと，習
熟度および作文の課題を考察した場合は，自動詞・他動詞の使用頻度に
は差が見られることが明らかになった。そして，自動詞・他動詞の使用
頻度は話題によって異なる可能性があると述べている。

山崎誠「辞書における自動詞・他動詞とコーパスにおける実態」は，
動詞の自他の区別の扱いがどのようになっているかを複数の国語辞書で
調べ，その違いの原因を分析した論文である。辞書によって自他の表記
に違いがあるかどうかを調査し，違いがあった場合はコーパスにおける
頻度情報と比較した。

動詞は日本語学習辞書支援グループ(2015)「日本語教育語彙表 Ver
1.0」のうち，難易度が初級前半，初級後半とされている 122 語を対象
とし，5 冊の国語辞書を対象に調査した。その結果，新用法と既存の用
法のとらえ方により，調査語の約 16% に自他の記述の違いが見られ

た。しかし，コーパスでの使用状況の調査によると，自他が不一致とされる動詞は実際には自動詞か他動詞に大きく偏って使われていた。辞書は特殊な用法も取り上げているため，学習者は辞書とコーパスを併用し，実態を理解する必要があると結論付けている。

　建石始「コロケーションに注目した日中同形動詞の対照研究——「拡大する」・「広げる」と「拡大」／「増加する」・「増える」と「増加」を例に——」は，中国語母語話者が日本語の自動詞・他動詞を用いる場合に遭遇する漢語動詞での自動詞・他動詞のコロケーションの問題，和語動詞と漢語動詞の違いの問題を，「拡大する」・「広げる」と「拡大」，「増加する」・「増える」と「増加」を例に考察した日中対照研究の論文である。その結果，同じ自他両用動詞であっても，自動詞用法，他動詞用法，自動詞用法の使役形のうち，どの使用頻度が高いかは動詞によって異なることを指摘した。また，それぞれのコロケーションについては，日本語の「拡大する」と中国語の「拡大」の主語になる名詞は似た傾向を示すのに対し，目的語になる名詞は日中両言語でそれほど重ならないことを明らかにしている。一方，中国語の「増加」の主語になる名詞は日本語では和語動詞の「増える」に近い関係となる可能性があることを指摘した。このように日本語・中国語のコーパスを用いることによってコロケーションを明らかにし，両言語の間の正の転移，負の転移を予測することが可能となると述べている。

　堀恵子「中国語を第一言語とする学習者に対する二字漢語自動詞・他動詞の実践授業——経済学部の学部1年生対象の授業において——」は，中国語を母語とする大学生に対し，二字漢語動詞の自動詞・他動詞に関する授業を行い，語レベルでの習得に焦点を当てて，自動詞か他動詞かの判断に効果が見られたかを検証するものである。以下の研究課題を設けた。

　1）二字漢語の自動詞と他動詞の判断は，どちらが難しいか。

　これは助詞「を」が付くかどうかを正しく選択できるかどうかによって評価する。

　2）指導によって，二字漢語の自動詞と他動詞の判断は向上するか。

　これは，学習のはじめに行った自動詞・他動詞に関するチェックテストと学期末テストでの得点を比較して検証した。

　自動詞であるか他動詞であるかの判断に関して，自動詞のほうが有意に正答率が低かったことから，自動詞であると判断することのほうが難しいと結論づけている。

　指導によって自動詞か他動詞かの判断が向上するかという問いに対しては，授業によって全体的に正答率が上昇することが明らかになったが，語ごとに見ると有意な差が見られなかった語もあったと述べている。

　江田すみれ「無対他動詞の受身と自動詞──いくつかの動詞の語義と受身の関係──」は，無対他動詞と受身の関係を取り上げている。対のある自動詞・他動詞では，話者が「働きかけ」に注目した場合は他動詞，「変化」あるいは「受け手」に注目した場合は自動詞を用いる。そして対のない他動詞を自動詞的に用いる場合は受身を，対のない自動詞を他動詞的に用いる場合は使役を使うと言われる。しかし，無対他動詞は，どの動詞でもどのように使った場合でも，受身にすれば自動詞として使えるわけではない。本論は無対他動詞を受身にして自動詞的に用いる時，以下の3点について調査を行った。

　1）多義的な動詞のどのような語義が受身で用いられるか。
　2）受身で使われた場合，どのような意味になるか。
　3）受身になった場合，辞書に書かれた語義から離れた使い方をする語はどの程度あるか。

16語の使用頻度の高い無対他動詞を調査した結果，約半数の語について，受身として使う語義が偏っている，能動文とは多少異なる意味で用いられるものが見られた。

　江田すみれ・相澤早帆・白鳥藍「中級学習者に対する自他動詞の授業とその効果──授業，事前・事後テスト，遅延テストを通じて──」は，日本語学校で学ぶ中級学習者に対し，自動詞・他動詞の授業を行い，授業に効果があったかどうかを調査したものである。

　中石（2017）は自動詞・他動詞の教育には，①自動詞・他動詞を両方

知っていること，②自動詞・他動詞の区別が合っていること，③他の形式と混同していないこと，の３点の認識が必要と述べた。本論は①②を示して授業を行い，その結果を事前テスト・事後テストだけでなく，8か月後に行った遅延テストの結果も比較して検討したものである。その結果，以下のことがわかった。

- 事後テストでは点数が有意に上がった。遅延テストでは，事前テストとの間に有意な差はなかったが，点数は上がった。
- 自動詞・他動詞についての質問紙調査を行ったところ，自他動詞に関する文法事項 10 項目中 7 項目について，半数以上の学習者が知らないと答えた。
- 事後テスト，遅延テストの両者において，自動詞全体の点数と他動詞全体の点数に差はなかった。全体として自動詞の使用が難しいという結果にはならず，語ごとの問題に注目することが提示された。

　以上，自動詞・他動詞に関する多様なアプローチの論文，授業の実践報告をまとめた。今回の研究が読者の皆様にとって新たな発見となり，授業実践を行う際の何らかのヒントとなれば幸いである。

　本書の論文の著者の多くは機能語用例文データベース『はごろも』構築にあたった研究者である。『はごろも』は，文法項目を入力すると，意味，話し言葉・書き言葉の用例，学習者の用例，前接形態，品詞，難易度などが調べられるツールで，web 上の検索エンジンと，Excel 表形式のダウンロードの２つの方法で利用できる。2010 年から科学研究費の助成を受けて開発を始め，2015 年から公開している <https://www.hagoromo-text.work/>。日本語教育に関わる方々の支援と，中上級以上の学習者の支援を目指したものである。

　本書，前作『習ったはずなのに使えない文法』と併せて利用していただき，文法教育に役立てていただければ幸甚である。

2020 年 6 月
江田すみれ・堀恵子

目　次

日本語の対のある自動詞，他動詞の習得段階と
それに適した指導方法

中石ゆうこ

1．はじめに

　「ドアが開きます。」と「ドアを開けます。」，「電気がつきます。」と「電気をつけます。」の違いをどのように指導するか。日本語教師として自動詞，他動詞の指導の仕方に悩んだ経験がある読者も多いだろう。「開く－開ける」，「つく－つける」のような対のある自動詞，他動詞は初級レベルで提示される学習項目であるが，学習者，教師とも苦手意識を持つ場合が多い。

　そこで本研究は，対のある自動詞，他動詞の指導上の困難点を明らかにした上で，日本語学，第二言語習得研究の知見と結びつけながら日本語の対のある自動詞，他動詞の習得段階を説明する。さらに，それに適した日本語教育現場での指導方法を提案する。

　そのために2節では日本語教育現場での自動詞，他動詞指導をめぐって，日本語教師や研究者によって指摘されてきた困難点をまとめる。3節では日本語学，第二言語習得研究の研究成果と対のある自動詞，他動詞の指導の困難点とを関連づけることで問題を解きほぐす。4節では学習者対象の既知語調査の結果を示し，5節では自動詞，他動詞の習得段階を語別に捉える必要性を述べる。本研究はこの一連の議論を通じて教育現場での対のある自動詞，他動詞の捉え方を振り返るきっかけを提供したい。

2．　問題の所在

　本研究での議論のテーマである対のある自動詞，他動詞とは，形態的，統語的，意味的特徴のすべてにおいて対応する対を持つ自動詞，他動詞を指す。

　対を持つ自動詞，他動詞について名称を与えて定義づけを行った日本語学の研究には，寺村(1982)と早津(1987, 1989a, 1989b)があり，寺村は相対自動詞，相対他動詞，早津は有対自動詞，有対他動詞とした。

　寺村(1982)では相対自動詞，相対他動詞を，共時的に見て共通の語根(Root)を持ち，形態的に対立する自動詞，他動詞と定義している。例えば，「開く(ak-u)−開ける(ak-eru)」は相対自動詞，相対他動詞で，共通の語根は「ak」である。

　早津(1987, 1989a, 1989b)の有対自動詞，有対他動詞は，相対自動詞，相対他動詞に比べると条件が厳しく，形態的対応に加えて，自動詞文の主語が他動詞文の目的語であるという統語的対応，および自動詞文，他動詞文が同一事態を表わすという意味的対応をなす必要がある。例えば，形態的対応をなすものの統語的対応，意味的対応を欠くものには，「受かる−受ける」，「からまる−からむ」，「暮れる−暮らす」，「つかまる−つかむ」，「またがる−またぐ」などがある。本研究でも，どのような文脈を設定しても統語的，意味的対応をなさない場合は，対ではないと考える。

　しかし，寺村(1982)，早津(1987, 1989a, 1989b)の定義をそのまま踏襲すると日本語教育における認識とずれが生じる。寺村，早津の基準に従えば，「入る(hairu)−入れる(ireru)」は対にならない。このペアは形態的対応をなさないが，統語的対応，意味的対応をなす。この動詞対は，日本語教育では多くの初級教科書の自動詞，他動詞対応表に取り上げられ，対として指導される機会が多い。よって，本研究では研究の対象に含めたい。それに加えて，寺村(1982)ではⅠグループの動詞に-e(ru)のついたもの(「切れる」，「焼ける」，「割れる」など)を自発態として，対をなす自動詞，他動詞の議論と分けて考えている。本研究ではこの立場と異なり，日本語教育での従来の認識に従って，Ⅰグループの

動詞に -e(ru) のついたもの，すなわち寺村（1982）で言うところの自発態
も加えて，一括して対のある自動詞とする。

　これらの相違から，本研究は「対のある自動詞」，「対のある他動詞」
という用語を用いて議論の対象を指す。なお，「開く（ひらく）」などの
自他同形の動詞は研究の対象から除く。また，「縫い上がる－縫い上げ
る」「入れ替わる－入れ替える」などの複合動詞も対のある自動詞，他
動詞であるが，本研究では単純動詞を中心にして議論する。

　さて，ここで日本語教育における対のある自動詞，他動詞の問題とし
て教師の悩みを聞き取った先行研究を見てみよう。小林（2001），中石
（2005a, 2020）では，対のある自動詞，他動詞指導および学習の困難点
を挙げている。困難点には教師側と学習者側から見た指摘があるが，そ
れらは大きく2つの分類，すなわち形に関する問題，意味用法に関する
問題に分けられる。

　（1）　形に関する問題
　　・自動詞，他動詞の区別の仕方，形の覚え方を聞かれて困る。
　　　　　　　　　　　　　　　　　　　　　　　　（中石 2005a, 2020）
　　・数が多く，負担になる。　　　　　　　　　（中石 2005a, 2020）
　　・語彙が覚えられず，不正確な時期を過ごす。　　　（小林 2001）
　　・特定の文型で自他を捉え，辞書形の対応に戻せない。
　　　（例：消えている－消した　→　消える－消す）　（小林 2001）
　　・接辞 -eru の動詞（例：開ける）を接辞 -u の動詞（例：開く）の可
　　　能形だと勘違いする。　　　　　　　　　　　　　（小林 2001）
　（2）　意味用法に関する問題
　　・説明が抽象的になるので，具体例を聞かれる。
　　　　　　　　　　　　　　　　　　　　　　　　（中石 2005a, 2020）

　以上をまとめると，形に関する問題は「自動詞，他動詞の語数が多
く，区別して形を記憶するのが大変である」ということ，意味用法に関
する問題は，「対のある自動詞文，他動詞文の意味が抽象的でよく分か
らない」ということになるだろう。そこで3節では，これらの問題につ
いて日本語学，第二言語習得研究の研究成果と関連づけながら見ていく。

3. 先行研究からの問題の捉え直し

3.1 形の問題

　形に関する問題は、「語数が多く、区別して形を記憶するのが大変である」ということであった。そこで、3.1節では、対のある自動詞、他動詞の形の難しさについて、日本語学の先行研究においても、自他動詞の形態的対応の種類が多く、どちらが自動詞、他動詞か区別しにくいということがすでに指摘されていることを示し、続いて、学習者の習得状況に垣間見える、対のある自動詞、他動詞習得における形の問題を紹介したい。

　自動詞、他動詞の形態的対応の種類が多いことに関しては、図1に示す自他動詞対応の図がその複雑さをよく表わしている。この図は、語幹が共通で、それ以外の部分が異なる自動詞、他動詞をまとめたものである。この図では、矢印の起点が自動詞接辞、終点が他動詞接辞となる。

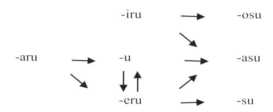

図1　自動詞，他動詞の形態的対応の図（佐久間 1966 を一部改変）

　例えば、「くるまる(kurum-aru)−くるむ(kurum-u)」は、語幹 kurum が共通した接辞 -aru と接辞 -u の対立で、図では -aru → -u の部分に当たる。また、「決まる(kim-aru)−決める(kim-eru)」は、接辞 -aru と接辞 -eru の対立で、図では -aru → -eru の部分に当たる。

　矢印の数を数えると、形態的に対応する自動詞、他動詞の対応は9つの対応パターンからなっていることが分かる。この図が示すように、対のある自動詞、他動詞は対応パターンの数が多いので、日本語教育の現場でそのまま、このパターンを教えるのは難しいだろう。ただ、矢印の起点、着点を見ると分かるように、自他が対応する時、-aru, -iru は自

動詞で -su は他動詞であるということを，指導の際に一言添えることができるだろう。

　ただし，形態的な対を持たない動詞，例えば「叱る」，「見る」などの場合はそれぞれ -aru，-iru という接辞を持ちながらも他動詞と分類される。このような対を持たない動詞は，この図の範囲外にあることに注意する必要がある。中石(2005a, 2020)では，日本語教師のインタビュー結果から，「『食べる』にもペアがあるのか。」というように，学習者側からどんな動詞でも対があるのかという質問が出るということが分かった。このことから考えると，数多くある日本語の動詞の中で，どの動詞が対を持ち，どの動詞が対を持たないかという判断は日本語学習者にとっては難しいことが予想される。

　さらに，中石(2005b, 2020)では学習者に対して自動詞，他動詞の使用を引き出す空欄補充形式の調査を行った結果，自動詞，他動詞の対の片方を一貫して使わない学習者がいることが分かっている。例えば，（3）に示すように，ある学習者は自動詞「変わる」を使うが他動詞「変える」を使っておらず，その結果，一部が誤用になっている。

　　（3）＊ペンを鉛筆に(かわる)。

　　　　　＊お金を(かわって)，財布に入れます。

　　　　　　時間は(かわらない)んです。

さらに，別の学習者の使用を見てみると，（4）に示すように対のある自動詞，他動詞が活用形で役割分担して使用されていた。この学習者の使用は，辞書形，ナイ形では自動詞「決まる」，テ形では他動詞「決める」を一貫して用いている。

　　（4）＊行くところを(きまる)んです。　　　　　辞書形−自動詞

　　　　　＊時間を(きまる)。

　　　　　　食べ物が(きまらない)。　　　　　　　ナイ形−自動詞

　　　　　＊行くところを(きまらない)でください。

　　　　　　食べ物を(きめて)，先生に言います。　テ形−他動詞

　　　　　　時間を(きめて)ください。

これらの使用のされ方から，対のある自動詞，他動詞のうち得意な一方

で多くの場面をカバーして使用する習得段階が存在することが示唆される。

　学習者が語彙を覚えられないで不正確な時期を過ごすことは，小林(2001)でも指摘されている。学習者にとって対のある自動詞，他動詞は数が多いので，両方を区別し，さらに自動詞，他動詞の形を記憶することが大変であることが分かる。

3.2　意味用法の問題

　意味用法に関する問題は，「意味が抽象的でよく分からない」ということであった。日本語初級クラスにおいて典型的に行われる対のある自動詞，他動詞の説明のされ方は図2のようなものであろう。

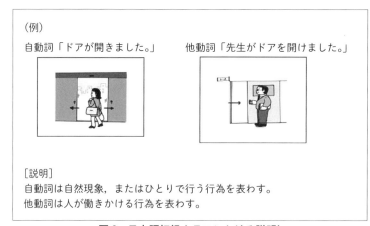

図2　日本語初級クラスにおける説明[1]

　このような説明に続いて，練習問題に移るとしよう。「それでは，絵を見て練習してみましょう。」という指示の下，図3のような5枚の絵カードが提示されたならば，学習者はたちまち混乱してしまうだろう。

1　絵カードは「みんなの教材サイト初級イラスト集」による。

図 3　対のある自動詞，他動詞の絵カード（筆者作成）

　なぜ混乱するのか。それはこの絵の中に，自動詞は自然現象，または
ひとりで行う行為，他動詞は人が働きかける行為という説明から外れる
用法が紛れているからである。5つの絵カードのうち，「（ボールで）ガ
ラスが割れる」，「時計が壊れている」状況が描かれているものである。
これは，自然現象，ひとりで行う行為ではない。誰かがボールを投げた
結果，ガラスに当たって割れたのであり，誰かが手荒く扱った結果，時
計が壊れたのである。そのような誰かによる外部の力が働かない限り，
絵で示された「割れる」，「壊れる」という出来事は起こらない。これら
2枚の絵カードは，自動詞のもう1つの用法，働きかけの変化の結果に
注目する用法を絵にしたものである。しかし，自動詞は自然現象，また
はひとりで行う行為とだけ説明された場合，この2枚の絵カードは人が
働きかけていることが暗示されるため，むしろ他動詞「割る」「壊す」
の状況を表わすものとして理解されやすいだろう。こうして，自動詞の
表わす状況と他動詞の表わす状況が混乱するのだ。
　対のある自動詞，他動詞には用法1，用法2の2つがあり，それを区
別して教える必要があることを確認したい。
　　（5）　対のある自動詞，他動詞の2つの用法
　　　　（用法1）
　　　　自動詞＝自然現象，またはひとりで行う行為
　　　　他動詞＝人が働きかける行為

　　　（用法2）
　　　ある変化について
　　　自動詞＝変化の結果に注目
　　　他動詞＝変化を起こす行為に注目

　用法1「自然現象，またはひとりで行う行為」は，例えば気象，天体の動き，生理的現象など他者を介することなく自然に起こる事象である。これは自動詞を用いる。逆に行為を行う動作主が何かに働きかける事象には他動詞を使用するという使い分けである。この自動詞，他動詞の意味用法は，他の言語にも共通して見られる自動詞，他動詞の意味的特徴であり，また，我々の直観にも適合するため分かりやすい。自動詞の項の数は1つであるから，「花が咲く。」「太郎が笑う。」のように他に働きかけないような，自然現象やひとりで行う行為が自動詞で表わされることは，学習者にとっても理解しやすいだろう。「自然に」，「おのずと」というような語を文中に入れられることが多いことからも分かるように，用法1「自然現象，またはひとりで行う行為」の場合，自動詞の出来事は自己完結的である。

　一方，用法2「変化の結果に注目」の場合は，自動詞の項はガ格1つであるにも関わらず，言外に他者の働きかけを暗示する。例えば，「パンが焼けた。」，「部屋が片づいた。」はいずれも自動詞文であるが，「自然に」，「おのずと」というような語となじまない。誰かが焼いたからパンが焼けたのだし，誰かが片づけたから部屋が片づいたのである。その動作主（働きかけた人）は文中には存在しないものの，自動詞で表わされている出来事が成立するためには必須である。この用法2「変化の結果に注目」について，早津（1987）では，有対自動詞の本質的な特徴は，有対自動詞の主語が非情物であることと，働きかけによって引き起こし得る非情物の変化を表わすことであると指摘されている。

　初級日本語の指導で，自動詞の用法2「変化の結果に注目」が丁寧に説明されないままになっている場合があるのではないか。「変化の結果に注目」という用法が存在することが理解できていない場合，（6）c-fの「～ている」文は理解が難しく，他者の介在がなければ成立し得ない

事象 e, f は，特に強く働きかけ手を感じさせるため，学習者にとって意味不明である。

（6）a.　看板が倒れている。　　　（看板が自然に倒れる）

　　　b.　木が枯れている。　　　　（木が自然に枯れる）

　　　c.　店が閉まっている。　　　（店が自然に閉まる？）

　　　d.　テレビがついている。　　（テレビが自然につく？）

　　　e.　魚が焼けている。　　　　（魚が自然に焼ける？？）

　　　f.　タピオカが入っている。（タピオカが自然に入る？？）

なお，初級教科書『新文化初級日本語Ⅰ』では，第26課で「蓋が開かないんです。」，「電源を入れてもつかないんです。」のような例文を用いて，対のある自動詞の用法2「変化の結果に注目」を指導項目として取り上げている。

　用法1，2の2つの用法における自動詞構文の意味の違いは，出来事に参加する人やもの（参与者）の数に由来するということができる。用法1「自然現象，またはひとりで行う行為」では，参与者の数が1つ（主体）であるのに対し，用法2「変化の結果に注目」は，参与者の数が2つ（主体，対象）である。用法2の難しさは，出来事の参与者が2つであるにも関わらず，構文的には1つしか現れないことである。さらに，同じ出来事を，形のよく似た他動詞で表わすことができ，その区別が，結果に注目するのか（例：電気がついた。），働きかけに注目するのか（例：私が電気をつけた。）で使い分けられるというのが，自動詞，他動詞が抽象的だという印象につながっているのだろう。

　さて，用法2「変化の結果に注目」を教えた上での問題もある。ある変化を表わす出来事について，自動詞＝変化の結果に注目，他動詞＝変化を起こす行為に注目という意味用法を教えて，「仕事が決まりました。」，「お茶が入りました。」という例文を出したとしよう。そこで，学習者が「行為をしたのは私です。だから私は，行為に注目したい。」と質問する場合がある。しかし，行為に注目したいからという理由で「仕事を決めました。」，「お茶を入れました。」のように他動詞文で表現した場合，「私の意志でやった」，「自分の手柄だ」というニュアンスが生じる。

　これについては，対のある自動詞，他動詞を用いた表現では，個人が
注目したい点によって表現を自由に選択できるのではなく，言語による
表現の好みが存在することを説明する必要がある。池上(1981)において
日本語は「なる型言語」，英語は「する型言語」と言われ，吉川(1995)
においても日本語では自動詞文が好まれることが指摘されている。

　第二言語習得研究でも守屋(1994)，小林(1996)など多くの先行研究
で，用法2である，自動詞の「変化の結果に注目」が難しいと言われて
いる。杉村(2013)では，「冷蔵庫によく(冷えた／冷やした／冷やされ
た)ビールがあるよ。」のような多肢選択課題の結果から，中国語を母語
とする学習者は，用法2の中でも特に，事態の動作主が特定の場合に自
動詞を選択しにくく，他動詞の能動形や受動形が用いられることが指摘
されている。

　用法2「変化の結果に注目」の意味的な派生として，日本語では自動
詞を用いて無標形式(可能形を用いずに)で可能の意味を表わすことがあ
る。例えば，「このカバンはたくさんものが入る。」や「糸が針になかな
か通らない。」などが，自動詞が無標で可能の意味を持つ文である。張
(2001)は，日本語では自動詞を用いて無標形式で可能の意味を表わす状
況で，中国語では可能表現を用いるので，学習者が「〜れる／られ
る」，「〜(ことが)できる」などの可能形式を自動詞に付加してしまう
ケースがあることを指摘している。

　以上をまとめると，意味的には人の行為が暗示される事象なのに変化
の結果を自動詞で表現するのは学習者にとって難しく，その代わりに，
他動詞だけではなく，受動形や可能形が用いられる傾向があることが分
かる。他のヴォイスとの混同という現象は形の問題とも接する。小林
(2001)では，-eru(例：開ける)を -u(例：開く)の可能形だと勘違いす
るという傾向が指摘されている。

3.3　語彙的な問題

　教師の悩みを聞いたインタビュー結果には直接現れなかったことであ
るが，日本語教育における対のある自動詞，他動詞の問題として，もう
1つ忘れてはならないのは対のある自動詞，他動詞は文法項目であると

同時に語彙項目であるということである。対のある自動詞，他動詞は，それぞれの動詞が語であるため，文中でのふるまいやコロケーションは個別の特徴を持つ。西尾（1978）では，自動詞「かかる」，他動詞「かける」を取り上げて，自動詞，他動詞の対応関係を考察している。その結果，品詞性に変化が生じ普通の動詞とは言えないようになった用法や，慣用句的に固定した用法は自他の対応が成立しないという指摘がされている。「かかる」，「かける」は非常に多くの用法を持つ典型的な多義語であり，日本語教育でも「時間がかかる」，「電話をかける」，「かぎをかける」など，様々な用法が学ばれる。しかし，対のある自動詞，他動詞がどんな用法でも対となるわけではない。（7）を見ていただきたい。

（7）a.　エンジンがかかる

　　　a′.　エンジンをかける

　　　b.　音楽がかかる

　　　b′.　音楽をかける

　　　c.　学校まで 20 分かかる

　　　c′.　?学校まで 20 分かける

　　　d.　?目覚まし時計がかかる

　　　d′.　目覚まし時計をかける

　　　e.　?2 に 3 がかかる

　　　e′.　2 に 3 をかける

（7）a「エンジン」，b「音楽」は自動詞文も他動詞文も自然である。一方，（7）c の「（学校まで）20 分」は自動詞文は自然であるが，他動詞文は不自然である。（7）d「目覚まし時計」，e「2 に 3」は，自動詞文は不自然であるが，他動詞文は自然である。このように，どんな用法でも対をなすわけではない。さらに（7）c については，「作品完成まで一年かかった。」という例文の場合，「作品完成まで 一年かけた。」と置き換えられるというように，期間を表わす用法であっても，状況によっては自動詞文，他動詞文が置き換えられる場合もあり，さらに複雑である。自動詞文と他動詞文が常に機械的に言い換えられるわけではないことに注意しなければならない。

　ここで第二言語習得研究に目を移し，対のある自動詞，他動詞を，それぞれ語彙項目として捉えるべきだという議論の証左となる学習者の運用を紹介する。中石（2004a）では，6名の学習者の縦断発話コーパスに現れる「つく-つける」，「きまる-きめる」，「かわる-かえる」を分析した。なお，このコーパスは2020年現在ではCorpus of Japanese as a second language（C-JAS）として国立国語研究所が一般公開しているものである（http://c-jas.ninjal.ac.jp）。

　分析の結果，各動詞対の使用のされ方の経過は動詞対毎に異なることが分かった。具体的には，「つく-つける」は「気がついた」，「気をつけて」，「ケチをつける」などの定型表現で出現し，使用数が限られたが，「きまる-きめる」は他動詞「きめる」が先に出現し，自動詞「きまる」が続いた。一方，「かわる-かえる」は自動詞「かわる」が先に出現して他動詞「かえる」が続く場合と，自動詞「かわる」と他動詞「かえる」が同時期に出現する場合があった。

　この結果で何より興味深かったのは，動詞対によって自動詞，他動詞のどちらが先に使われるようになるかが異なっていること，また，定型表現のみでの使用に限られる動詞対が見られたことだろう。対のある自動詞，他動詞は文法項目であるが，それと同時に語彙項目であり，習得のされ方に語による違いがあることが示唆された。これについては4節で学習者に実施した既知語調査を紹介し，もう少し詳しく見ていく。

　もう1つの語彙的な問題として，対のある自動詞，他動詞は，自動詞，他動詞間の使い分けだけではなく，他の動詞との使い分けも問題になることも指摘しておきたい。例えば，「男の人が岩を落とす。」のように他動詞「落とす」で表わされる状況の絵カードを示して，英語を母語とする中級の日本語学習者に描写してもらったところ，38名中19名（50%）が「押す」と答えた（中石 2004b）。英語ではこの状況を "The man push the rock off the cliff." と描写することの影響であろう。

　このことから，適切な場面に適切な対のある自動詞，他動詞を用いるためには，「落ちる」，「落とす」のように，ペア間の使い分けだけではなく，他の動詞との使い分けという問題も重なっていることが分かる。

　今井・針生(2007)では，語彙習得における概念の獲得には，似た語と意味の違いが分かり，状況に合わせて使用できるようにそれぞれの語を関係づけて語彙体系に取り込むことが必要になることが述べられている。似た語の最たるものが対のある自動詞，他動詞のペアであるが，対のある自動詞，他動詞は，それぞれ1つずつが語であり，ペア間の使い分けと同時に，他の似た語との使い分けも必要になることに留意しなければならない。

4．どんな対のある自動詞，他動詞を学習者は知っているのか

　ここまで行ってきた対のある自動詞，他動詞を語彙項目として捉え直すべきだという主張の是非を確認するために，日本語学習者に対して，対のある自動詞，他動詞30語を知っているかどうかを問う調査を実施した結果を報告する。

4.1　目的

　調査の目的は，対のある自動詞，他動詞について，学習者の知っている動詞とそうではない動詞の実態を明らかにすることである。もし，学習者が自動詞，他動詞を対で覚えているのであれば，対の動詞両方について，同じように「知っている」と答えられるだろう。

4.2　対象

　調査は，2015年度から2017年度にかけて国内外の4つの高等教育機関で日本語を学ぶ日本語学習者96名に対して行った。対象となった学習者は，いずれも対のある自動詞，他動詞を学習した経験があることが，学習者を担当する日本語教師へのインタビューによって確認されている。学習者の母語は中国語40名，タイ語39名，ベトナム語13名，インドネシア語3名，韓国語1名であった。日本語能力試験の取得級はN1が9名，N2が19名，N3が33名，N4が3名，N5が4名，受験経験なしが28名であった。

4.3　材料

　対のある自動詞，他動詞30語(15対)を対で呈示し，それぞれの語を知っているかどうかを聞いた。なお，これらの動詞は，中石(2017)の対

のある自動詞，他動詞の学習のために作成した語彙カードの動詞と完全
に一致している。その動詞選定の際には，『日本語能力試験出題基準 改
訂版』に基づき，レベルが低い語ばかりに固まらないようにランダムに
選んだ。
　（8）は調査で扱った動詞一覧である。動詞はいずれも平仮名で呈示し
た。
　　　（8）　調査で用いた動詞一覧
　　　　　あく−あける／うかぶ−うかべる／うつる−うつす／かかる−か
　　　　　ける／かさなる−かさねる／かわる−かえる／きまる−きめる／
　　　　　しあがる−しあげる／つく−つける／つづく−つづける／とれ
　　　　　る−とる／なおる−なおす／はいる−いれる／まとまる−まとめ
　　　　　る／わかれる−わける

4.4　方法

　調査では「次の動詞を知っていますか。」という問いかけをし，学習
者には，各動詞について「知っている」，「知らない」の二択で当てはま
る方を選んでもらった。調査は筆記で行った。大学毎にクラス単位で一
斉に行い，回答のペースは学習者に委ねた。調査の前後のいずれかで，
母語，日本語能力試験の取得級，日本語学習歴，日本滞在歴などを聞く
背景調査シートに回答を記入してもらった。

4.5　結果と考察

　「知っている」と学習者が答えたものを既知であるとし，その割合を
既知率とする。分析では，対のある自動詞全体，対のある他動詞全体で
既知率を平均する方法ではなく，個々の動詞について個別に既知率を見
た。分析の際，「知っている」，「知らない」のいずれにも丸がないもの
が「かける」で3件，「かかる」で2件，「きまる」で1件，「かさなる」
で1件の計7件見られた。これらは，学習者が「知っている」，「知らな
い」の選択に迷ったものや，ケアレスミスで記入を忘れたものだと考え
られる。本調査では「知っている」動詞を明らかにするために，集計で
は未記入であった7件の回答を「知らない」としてカウントした。表に
結果を示す。

表　動詞毎の既知率

動詞	自他	初級教科書リスト（／6種）	旧日能試レベル（級）	既知者数（人）	既知率（%）
あく	自	6	4	91	94.8
あける	他	6	4	96	100.0
うかぶ	自	0	2	39	40.6
うかべる	他	0	2	37	38.5
うつる	自	0	移る3	62	64.6
うつす	他	0	写す3	68	70.8
かかる	自	3	4	89	92.7
かける	他	3	4	86	89.6
かさなる	自	0	2	50	52.1
かさねる	他	0	2	57	59.4
かわる	自	4	3	82	85.4
かえる	他	4	3	87	90.6
きまる	自	2	3	84	87.5
きめる	他	2	3	88	91.7
しあがる	自	0	2	34	35.4
しあげる	他	0	1	39	40.6
つく	自	6	3	86	89.6
つける	他	6	4	87	90.6
つづく	自	1	3	91	94.8
つづける	他	1	3	90	93.8
とれる	自	1	2	77	80.2
とる	他	1	4	88	91.7
なおる	自	治る4 直る3	治る3 直る3	87	90.6
なおす	他	治す4 直す3	治す2 直す3	90	93.8
はいる	自	6	4	93	96.9
いれる	他	6	4	90	93.8
まとまる	自	0	2	73	76.0
まとめる	他	0	2	87	90.6
わかれる	自	0	3	76	79.2
わける	他	0	2	74	77.1

　表中には，各動詞の旧日本語能力試験でのレベルと本文中あるいは巻末の自動詞・他動詞リストにその動詞対が扱われている初級教科書数（中石 2005a, 2020）を記す。旧日本語能力試験でのレベルは『日本語能力試験出題基準 改訂版』に基づく。また，この分析で対象となったのは初級教科書6種（『みんなの日本語初級』，『新日本語の基礎』，『Situational Functional Japanese』，『初級日本語げんき』，『新文化初級日本語』，『中日交流標準日本語初級』）である。なお，表中に漢字語がある場合は，初級教科書，および旧日本語能力試験の該当レベルにおいて，動詞がその意味用法に限って用いられていることを表わす。

　分析の結果，対のある自動詞，他動詞の中で，動詞の既知率は35.4%から100%まで開きがあった。「あく」，「あける」，「つく」，「つける」「はいる」，「いれる」など，自動詞文，他動詞文の説明で用いられやすい，定番の語の既知率はほぼ9割と高かった。このことから，対のある自動詞，他動詞の指導においては，定番の語はよく扱われていると考えられるが，これは逆に，定番の語に偏った指導が行われているとも考えられる。

　学習者全員が「知っている」と答えた動詞は他動詞「あける」1語のみであった。もし，学習者が自動詞，他動詞を対で覚えているのであれば，対の動詞「あく」も同じように「知っている」と答えられただろう。しかし実際には，「あく」は，96名中91名（94.8%）が「知っている」と答えており，「あける」よりは既知率が若干低かった。いずれも旧日本語能力試験でのレベルは4級であり，自動詞・他動詞リストにも多く出現するが，既知率に違いが見られたことは興味深い。

　動詞対毎に既知率を比較すると，対の動詞の両方が同じ割合で「知っている」と答えられた動詞対はなく，全体としては他動詞の方が自動詞よりも「知っている」と答えられた動詞対が多いことが分かった。この理由として，自動詞が辞書形で呈示されたことによる影響が考えられる。自動詞の場合，学習者にとってなじみがある語形は，初級で指導する文法項目であるテ形「〜ている」だと考えられるからである。これについては，先に触れたように，小林（2001）でも，「特定の文型で自他を

捉え，辞書形の対応に戻せない。（例：消えている–消した　→　消える–消す）」という指摘がある。

　初級教科書のリストに出現する回数と既知率の関係では，全体的に出現回数が低いものは既知率も低い傾向にあった。その中で，「つづく」，「つづける」，「とる」は1種類の教科書のリストのみ，「まとめる」はリストに全く出現しないが，既知率は9割を超えていた。一方，「つく」は6種類に出現するが既知率は89.6%，「かわる」は4種類に出現するが既知率は85.4%と若干低かった。

　旧日本語能力試験でのレベルとの関係では，レベルが上がると既知率が下がる傾向にある。その中で，「まとめる」は，旧日本語能力試験でのレベルは2級であるが，既知率が90.6%と高かった。

　分析の結果見えてきたのは，対のある自動詞，他動詞の既知率には開きがあることであった。もし，学習者が自動詞，他動詞を対で覚えているのであれば，対の動詞はいずれも同じように「知っている」と答えられることが予想されたが，対で正答率が一致したものはなかった。

　この結果から，対のある自動詞，他動詞は文法項目であるが，それと同時に語彙項目であり，語によって既知かどうかには違いがあるため，それぞれの動詞対毎に学習者が自動詞と他動詞の両方を知っているかどうかを丁寧に確認することが重要であることが指摘できる。学習者は，なじみのない動詞については，それが対応する対を持つのか，自動詞なのか他動詞なのか，形態的にどのような対応をするのかを，1つずつ覚えていかなければならない。

5.　自動詞，他動詞の習得段階

　小林・直井(1996)では，日本語学習者に対して行った自動詞，他動詞のテスト結果に基づいて自動詞，他動詞の習得段階を設定している。この習得段階について，伊藤(2012)はそれぞれの段階にKYコーパスでの中国語を母語とする学習者の使用を当てはめ，上級では形態的な誤用が減っていくが，数は減るとは言え，上級でも依然，形に関する誤用も見られることが指摘されている。

　本研究も示したように，対のある自動詞，他動詞のすべての動詞が同じタイミングで同じ習得段階を進んでいくのではない。そうではなく，動詞対毎に個別に形の問題，意味用法の問題が解決されると考えられる。そうであるならば，形に関する誤用が上級になっても依然見られるという現象は自然なことであろう。また，中石(2004a)に見られた学習者の発話のように，「気がついた」，「気をつけて」，「決まってる」などの定型表現では，2節で指摘した「語数が多く，区別して形を記憶するのが大変である」という形の問題，「意味が抽象的でよく分からない」という意味用法の問題が見られないまま，正しく使用されるような習得のルートをたどっていると言えるだろう。

　伊藤(2012)の指摘にも重なるが，対のある自動詞，他動詞の習得段階においては，以下の(9)の2つの目標があると考えられる。

（9）　対のある自動詞，他動詞の習得段階毎の目標
　　　（目標1）
　　　自動詞，他動詞の形(それぞれの動詞の辞書形，テ形，ナイ形などの活用形)と，自動詞，他動詞の区別(どちらが助詞ヲと使う動詞なのか)を知る。
　　　（目標2）
　　　ある出来事を描写する際に自動詞，他動詞のうち，文脈に合った自然な方を使えるようになる。

　上記のような習得段階毎の目標を想定した上で，本研究で強く主張したいのは，この習得段階は，自動詞全般，他動詞全般に一気に学習されるものではなく，動詞対毎に，徐々にたどっていくものであるということである。

　そのように考えるのであれば，自動詞，他動詞の指導を行う際には，学習の目標として，「語数が多く，区別して形を記憶するのが大変である」という形の問題の解決を目指す目標1と，「意味が抽象的でよく分からない」という意味用法の問題の解決を目指す目標2のどちらを目指すのかを教師が明確に設定し，様々な動詞対を用いつつ，その焦点に合った指導を行う必要があるだろう。

　以上をまとめると，学習者の誤用がどんなつまずきを原因とするのか
を明らかにするためには，以下の4つを確認することが有効であると言
えるだろう。それは，（1）自動詞，他動詞の両方を知っているか，（2）
自動詞，他動詞の形の区別が合っているか，（3）他の形式（例：受動
形，可能形）と誤解していないか，（4）働きかけの結果の状態を表わす
自動詞の用法を知っているかという点である。

　この主張について具体的に示すために，日本語の授業で対のある自動
詞，他動詞の復習として，（10）のような練習問題を用意したと仮定して
説明しよう。

　　　（10）　正しい方を選んでください。

　　　　　　　荷物は，思ったより早く自宅に（届いた・届けた）。

この練習で，「届けた」を選んだ場合，従来は「自他の誤選択」と分析
されていた。しかし，これまでの議論によれば，少なくとも（11）に挙げ
る複数の可能性があることが分かる。

　　　（11）　（可能性1）どちらが自動詞，他動詞か分からなかったから

　　　　　　　（可能性2）荷物に対する行為なので，他動詞が適切だから

　　　　　　　（可能性3）「届けた」が「届く」の可能形だから

　学習者のつまずきの理由が可能性1であれば，形の問題の解決を目指
した指導が必要である。一方，可能性2であれば，意味用法の問題の解
決を目指した指導が必要であり，池上（1981），吉川（1995）が示すよう
に，日本語では，行為を行った人やもの（動作主）を際立たせるというよ
うな特別な表現意図がなければ，自動詞が選択されることを説明すれば
よい。可能性3であれば，形の問題と意味用法の問題の解決が必要であ
る。すなわち，「届く」が自動詞であり，無標で（可能形を用いずに）可
能の意味を表わすことができることを説明しなければならない。（10）は
助詞「を」，「が」という手がかりがなく，学習者にとって難しいことも
同時に注意する必要がある。

　自動詞，他動詞の指導では，学習者がある動詞において，形の問題と
意味用法の問題のどちらでつまずいているのかを教師は見極めなければ
ならない。そして，指導したいのが意味用法の問題なのであれば，学習

者が形の問題で迷わないように，例えば(10)′のように練習問題の選択肢にその動詞が自動詞か，他動詞かという情報を入れるというような手を打っておくべきである。

　　(10)′　正しい方を選んでください。

　　　　　荷物は，思ったより早く自宅に(届いた［自動詞］・届けた
　　　　　［他動詞］)。

6．まとめと今後の課題

　本研究では，対のある自動詞，他動詞指導に関する困難点を形の問題，意味用法の問題，語彙的な問題としてまとめ，それぞれの困難点と日本語学，第二言語習得研究の研究成果とを関連づけた。さらに，日本語学習者に対して既知語調査を実施し，対のある自動詞，他動詞を知っているかどうかには，語によって開きがあることを明らかにした。そこから，対のある自動詞，他動詞の習得段階は，自動詞，他動詞というカテゴリーで捉えるだけではなく，語別に見る必要性があることを指摘した。

　ここまでの議論を通して，日本語教育の現場でありがちな対のある自動詞，他動詞の指導の問題点として，次の4つを指摘する。

　　(1)　自動詞の意味を「自然現象」だと印象付けている。

　　(2)　指導したい意味用法と異なる意味用法を描写した絵カードを
　　　　用いている。

　　(3)　文法規則を知れば，対のある自動詞，他動詞を学習者が一気
　　　　に使用できるようになると勘違いしている。

　　(4)　定番の語しか扱わない。

　これらはいずれも，自動詞，他動詞をさらに難しいものとして認識させる可能性がある。これら4つのチェックポイントを日本語教師が把握しておくことで，対のある自動詞，他動詞の指導において不要な混乱を避けることができるのではないだろうか。

付記

調査実施にあたって JSPS 科学研究費研究活動スタート支援 26884040（研究代表者：中石ゆうこ）の助成を受けました。

参照文献

池上嘉彦(1981)『「する」と「なる」の言語学』大修館書店.

伊藤秀明(2012)「学習者は「対のある自他動詞」をどのように使っているか ── 中国人日本語学習者の中級から上級に注目して」『国際日本研究』4, pp. 43-52.

今井むつみ・針生悦子(2007)『レキシコンの構築 ── 子どもはどのように語と概念を学んでいくのか』岩波書店.

小林典子(1996)「相対自動詞による結果・状態の表現 ── 日本語学習者の習得状況」『文藝言語研究言語篇』29, pp. 41-56.

小林典子(2001)「第8章効果的な練習方法 ── うまく習得してもらうには工夫がいる」野田尚史・迫田久美子・渋谷勝己・小林典子『日本語学習者の文法習得』pp. 139-158, 大修館書店.

小林典子・直井恵理子(1996)「相対自・他動詞の習得は可能か ── スペイン語話者の場合」『筑波大学留学生センター日本語教育論集』11, pp. 83-98.

佐久間鼎(1966)『現代日本語の表現と語法(増補版)』厚生閣(1983 くろしお出版より復刊).

杉村泰(2013)「中国語話者における日本語の有対動詞の自動詞・他動詞・受身の選択について ── 人為的事態の場合」『日本語／日本語教育研究』4, pp. 21-38.

張麟声(2001)『日本語教育のための誤用分析 ── 中国語話者の母語干渉 20 例』スリーエーネットワーク.

寺村秀夫(1982)『日本語のシンタクスと意味Ⅰ』くろしお出版.

中石ゆうこ(2004a)「縦断的発話データに基づく対のある自他動詞の習得研究 ──「きまる-きめる」「かわる-かえる」の使用状況から」『広島大学教育学部紀要第二部(文化教育開発関連領域)』53, pp. 311-318.

中石ゆうこ(2004b)「自動詞・他動詞習得における母語の視点の影響 ── 英語母語話者への動詞絵カード再生テストをもとに」『JALT 日本語教育論集』8, pp. 77-86.

中石ゆうこ(2005a)『対のある自動詞・他動詞に関する第二言語習得研究 ── 動詞対使用の不均衡性から』広島大学大学院教育学研究科博士学位論文.

中石ゆうこ(2005b)「対のある自動詞・他動詞の第二言語習得研究 ——「つく-つける」，「きまる-きめる」，「かわる-かえる」の使用状況をもとに」『日本語教育』124，pp. 23-32.

中石ゆうこ(2017)「日本語学習における自動詞・他動詞の色分けの効果」『県立広島大学人間文化学部紀要』12，pp. 103-111.

中石ゆうこ(2020)『日本語の対のある自動詞・他動詞に関する第二言語習得研究』日中言語文化出版社.

西尾寅弥(1978)「自動詞と他動詞における意味用法の対応について」『国語と国文学』55(5)，pp. 173-186.

早津恵美子(1987)「対応する他動詞のある自動詞の意味的・統語的特徴」『言語学研究』6，pp. 79-109.

早津恵美子(1989a)「有対自動詞と無対他動詞の違いについて —— 意味的な特徴を中心に」『言語研究』95，pp. 231-256.

早津恵美子(1989b)「有対自動詞と無対他動詞の意味上の分布」『計量国語学』16(8)，pp. 353-363.

守屋三千代(1994)「日本語の自動詞・他動詞の選択条件 —— 習得状況の分析を参考に」『講座日本語教育』29，pp. 151-165.

吉川千鶴子(1995)『日英比較動詞の文法』くろしお出版.

参考資料

国際交流基金・日本国際教育支援協会(2002)『日本語能力試験出題基準 改訂版』凡人社.

財団法人海外技術者研修協会(1990)『新日本語の基礎Ⅱ本冊漢字かなまじり版』スリーエーネットワーク.

財団法人海外技術者研修協会(1990)『新日本語の基礎Ⅱ文法解説書』スリーエーネットワーク.

財団法人海外技術者研修協会(1990)『新日本語の基礎Ⅱ教師用指導書』スリーエーネットワーク.

人民教育出版社(1988)『中日交流標準日本語初級Ⅰ』人民教育出版社.

人民教育出版社(1988)『中日交流標準日本語初級Ⅱ』人民教育出版社.

スリーエーネットワーク(1998)『みんなの日本語初級Ⅰ本冊』スリーエーネットワーク.

スリーエーネットワーク(1998)『みんなの日本語初級Ⅱ本冊』スリーエーネットワーク.

筑波ランゲージグループ(1992)『Situational Functional Japanese vol. 2 Drills』

凡人社.

筑波ランゲージグループ (1992)『Situational Functional Japanese vol. 2 Notes』
　　凡人社.

坂野永理・大野裕・坂根庸子・品川恭子・渡嘉敷恭子 (1999)『初級日本語げんき
　　Ⅰ』The Japan Times.

坂野永理・大野裕・坂根庸子・品川恭子・渡嘉敷恭子 (1999)『初級日本語げんき
　　Ⅱ』The Japan Times.

文化外国語専門学校 (2000)『新文化初級日本語Ⅰ』凡人社.

文化外国語専門学校 (2000)『新文化初級日本語Ⅱ』凡人社.

みんなの教材サイト初級イラスト集
　　https://minnanokyozai.jp/kyozai/illustration/vocabulary/home/ja/render.
　　do

日本語母語話者は本当に自動詞を好むのか？

中俣尚己

1. はじめに

　自他の習得に関して，特に学習者は日本語の自動詞表現の習得に困難
を抱えるとされることが多い。学習者からも「自動詞はいつ使うのか」
といった質問を受けることもあるし，習得研究でもやはり自動詞のほう
が難しいという結果が出ることが多い(小林1996)。このことは，裏を
返せば，学習者の母語では他動詞を用いて表現する際に，日本語では自
動詞を用いて表現することが多いということである。このことを端的に
表現すると，「日本語は「なる言語」であり，自動詞を好む。」という言
説になる。

　しかし，この「好む」ということはこれまで量的に証明されたわけで
はない。本研究の目的は，以下の通りである。

- 日本語話者が，本当に自動詞を好んでいるかどうかを作例ではなく
  使用実態に基づいて検証する。
- 初級教科書で導入に用いられる自動詞・他動詞をコロケーションの
  観点から検討する。

　以下，2節では自他動詞のどちらを好んでいるかということに関する
先行研究を紹介する。3節では本研究の方法について説明し，4節では
調査結果を示す。5節では文体という観点から調査結果を考察し，6節
では会話での使用について分析する。7節では初級で扱われる個別の自

他動詞についてコーパスのデータを元に論じる。8節はまとめである。

2. 先行研究
2.1 「する言語」対「なる言語」という言説

　「する言語」対「なる言語」については，例えば寺村(1976)で以下のような対立が示されている。

　　（1）　私が100万円貯めたら，世界一周旅行に出る。
　　（2）　100万円貯まったら，世界一周旅行に出る。

（寺村 1976：65-66）

　（1）は不自然で，多くの母語話者は自動詞を用いた(2)を選択するであろう。また，池上(1981)は様々な言語現象を取り上げ，英語が〈動作主〉指向的な傾向を持つ「する言語」であり，日本語が〈出来事全体〉把握的な傾向を持つ「なる言語」であることを論じている。

　しかしながら，このような見方に対する反論も存在する。野田(2015)は，いくつかの先行研究から，日本語のほうが「する言語」的で，他の言語のほうが「なる言語」的であると言えるというような例を紹介している。野田(2015)で紹介されている例の1つは，影山(1990)からの例である。

　　（3）　My girlfriend is blue-eyed.　　　　　（影山 1990：19）
　　（4）　彼女は澄んだ目をしている。　　　　（影山 1990：23）

　英語では形容詞述語を使っているのに対し，日本語では他動詞「する」が使われている。

　野田(2015)に紹介されている例のもう1つは，Pardeshi(2002)のものである。（5）は「非意図的な出来事を他動詞で表しうる表現」であり，「する言語」的である。

　　（5）　kare wa atama wo tsuyoku utta.　　（Pardeshi 2002：125）

　Pardeshi(2002)は日本語とインド諸語の対立は「する型」VS「なる型」ではなく，「責任重視型」VS「意図重視型」で説明することを提案している。

　さらに，野田(2015)は野田(1997)から小説内の「どうかしたの？」と

いう「する言語」的な表現が，スペイン語では「あなたに何かが起こったの？」というように「なる言語」的な表現に翻訳されている例を紹介している。スペイン語も英語と同様に「する言語」であるとされるが，ここでは日本語のほうが「する言語」であるように振る舞うという指摘である。

　しかしながら，これらの研究では基本的には興味深い例文を取り上げて，ある言語が「する言語」か「なる言語」かを論じるという手法をとっている。しかし，「する言語」「なる言語」という対立は，どちらか片方しか言えないというよりも，2つの言い方があった時にどちらを好むかという問題であることが多い。（1）の例にしても文法的に非文になっているのではなく，（2）との対立の中で，（2）のほうが自然で（1）が不自然であるという現象である。

　「母語話者はどちらを好むか」という問題については，実際にどちらの使用が多いのかを何らかの方法で計量する以外に検証を行う方法はないと考えられる。しかしながら，実際に計量的アプローチでこの問題に取り組んだ研究は，管見では 2.2 節で紹介する玉岡ほか(2018)以外には見当たらない。先行研究の問題と本研究の方針を以下に示す。

- これまでの研究では，興味深い少数の例を元に論じていた。
- 本研究では，多数の使用例（＝コーパス）を分析し，本当に自動詞を好んでいるかどうか検証する。

2.2　新聞における自動詞・他動詞を調べた先行研究

　自動詞・他動詞のどちらがよく使われるかという問題に対して，計量的なアプローチで取り組んだ研究として，玉岡ほか(2018)は貴重である。この研究では 18 年分の『毎日新聞』のコーパスを用い，使用頻度の高い 36 対 72 語の動詞について，自動詞形と他動詞形のどちらが多く使われるかを調査した。その結果，全体としては自動詞と他動詞の使用頻度には差が見られなかったこと，活用形別の分析では，頻度を対数変換[1]して，動詞による頻度のばらつきを縮減した場合に，命令形におい

---

[1]　a を x 乗した時に b になるという時に x を b の対数と呼ぶ。ここでは出現頻度の

てのみ有意差が見られたことを報告している。考察では，予想に反して自動詞と他動詞の使用頻度に差が見られなかった要因として，動詞による分散が大きかったことを挙げている。つまり，自動詞が非常に多く使われる対もあれば，他動詞が多く使われる対もあるため，それを平均してしまうと全体としての差は見られなくなってしまうのである。

　ただし，玉岡ほか(2018)の調査は「新聞」という特定のレジスター(使用域)のみを対象としたものである。新聞は話し言葉と比較すれば硬い文体であるということができる。また，いわゆる5W1Hをはっきりさせたうえで簡潔に書く傾向も強いと考えられる。そうすると，動作主を明示することにより，述語も他動詞を選択することが増えるという可能性もあるのではないだろうか。そこで，本研究では様々なレジスターを含むコーパスを調査するとともに，レジスターごとに自動詞・他動詞の比率を確認する。

3.　大規模コーパスを使って自動詞・他動詞を調べる

　本研究では，まず『現代日本語書き言葉均衡コーパス』(BCCWJ)に出現した自動詞・他動詞を比較する。このコーパスは1億語サイズの大規模な日本語コーパスであり様々なレジスターを含むことが特徴である。

　調査には2つのデータを利用した。1つは，パルデシほか(編)(2015)の付録である，『現代語自他対一覧表 Excel 版』(ナロックほか 2015)というファイルである。これは web からダウンロードできる。このファイルの中で，自他対のシートに含まれる 548 対 1096 語の動詞を対象とした。

　このファイルには BCCWJ における頻度も記載されているが，これだけではレジスターごとの頻度はわからない。そこで，国立国語研究所のホームページで公開されている「『現代日本語書き言葉均衡コーパス』短単位語彙表 ver. 1.0」のデータを利用し，語彙素をキーにして各レジスターでの pmw を求めた。異なるレジスターを比較する場合，各レジ

代わりに対数を用いたということ。

スターでの総語数が大きく異なるため，出現頻度での比較はできない。よって，100万語あたりの出現数である pmw を算出した。また，この際に，UniDic の品詞で「動詞―非自立可能」であるものは，補助動詞として使われることもあるため，排除してある。

4. 自動詞・他動詞の比率はレジスターによって異なる

まず，BCCWJ 全体での自動詞・他動詞の比率を示す。図1は Token 頻度，すなわち延べ語数による比較である。図2は Type 頻度，すなわち異なり語数による比較である。

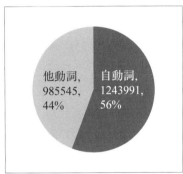

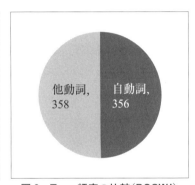

図1　Token 頻度の比較（BCCWJ）　　　図2　Type 頻度の比較（BCCWJ）

Type 頻度では全く差が見られず，Token 頻度では自動詞が56% に対し他動詞は44% である。わずかに自動詞が多いものの，「日本語は自動詞優位の言語」と呼べるほどの差であるとは言えない。BCCWJ 全体として見れば，自動詞が多いとは認定できない[2]。

次に，レジスター別に Token 頻度の比較を行ったのが図3である。左端には BCCWJ 全体の pmw も参考として示した。

---

[2]　なお，自動詞・他動詞ともに100例以上ある対について，玉岡ほか（2018）の方法で対数化の処理を行い，対応する自他動詞の出現頻度について対応のある t 検定を行ったところ，5% 水準で有意差が見られた。一方，対数化を行う前のデータでは有意差は見られなかった。これは，動詞間の分散が非常に大きいためであると考えられる。

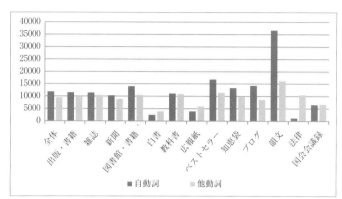

図3　レジスターごとの自動詞・他動詞の比較（pmw）

　これを見ると自動詞も他動詞も「韻文」が突出して多いことがわかる。「韻文」には短歌や俳句も含まれる。これらはそもそも31音，17音とテクストが短いが，その中には必ず何らかの動詞が含まれる。一例を挙げれば，「柿<u>食え</u>ば　鐘が<u>鳴る</u>なり　法隆寺」というわずか8語の中に，下線を引いた通り動詞が2語も含まれている。つまり，テクストに対して含まれる動詞の比率が非常に高いレジスターなのである。

　次に，自動詞の出現数÷他動詞の出現数という計算式で自動詞率を算出したものが表1である。なお，参考のためにBCCWJ全体における自動詞率も表に加えたが，自動詞率の高い順に並べた時これはほぼ中央に来ている。次に，自動詞率が高いものから順に先ほどのpmwのグラフを並べ替え，韻文を除いたものが図4である。これを見ると，レジスターによって差があり，自動詞のほうが多いレジスターもあれば，他動詞のほうが多いレジスターもあるということがわかる。

表1　レジスターごとの自動詞率

韻文	ブログ	ベスト	知恵袋	図書籍	全体	出書籍
2.27	1.6	1.46	1.38	1.33	1.25	1.19
新聞	雑誌	教科書	国会	広報紙	白書	法律
1.16	1.09	1.02	0.98	0.66	0.64	0.11

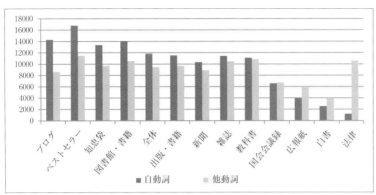

図4　レジスターごとの自動詞・他動詞の比較2

　また，自動詞のみ，他動詞のみに注目した場合，自動詞（濃い棒グラフ）は左から右にむかって pmw が少なくなっているが，他動詞（薄い棒グラフ）の変動は自動詞の変動と比べて小さいことがわかる。つまり，自動詞の出現数がより大きくレジスターの影響を受けていると分析することができる。

　なお，Type 頻度，すなわち動詞の種類の数についてもレジスターごとの分析を行ったが，どのレジスターでも自他の数値はほぼ等しかった。

5.　自動詞が多い文体，少ない文体

　この節では図4についてもう少し詳しく考察を行う。図4で自動詞の割合が高いレジスターと低いレジスター，言い換えれば左側のレジスターと右側のレジスターにはどのような特徴があるだろうか。

　一見すると，左側には「ブログ」「ベストセラー」「知恵袋」といった私的・日常的な特性を持つレジスターが並び，右側には「国会会議録」「広報紙」「白書」「法律」といった公的・専門的な特性を持つレジスターが並んでいる。また，同じ「書籍」でも「図書館・書籍」は「全体」よりも自動詞の割合が高く，「出版・書籍」は「全体」よりも自動詞の割合が低いという結果になっている。これは両サブコーパスの特性

　の違いから説明ができる。山崎(2009：626)によれば，「出版・書籍」は生産された本を想定母集団としているが，実際にはその2割が専門書であり，極端に専門的な語彙が入った専門的な文章ということになる。一方，「図書館・書籍」は都内の図書館に収められている本を想定母集団としているため，極端に専門的なものは排除されている。このことから，「出版・書籍」のほうが専門性が高いと言えそうである。

　文書の専門性，硬さの指標として，各レジスターの漢語率と自動詞率を比較したものが図5である。折れ線グラフは各レジスターの漢語率であり，軸は右側である。漢語率とは各レジスターの総語数の中で漢語が占める割合のことであり，数値は「『現代日本語書き言葉均衡コーパス』語種構成表 ver. 1.0」に基づく。

　2つの値は負の相関関係を示し，相関係数は -0.89 にも達する。漢語が多く使われる硬い文書では，自動詞の比率は小さくなっている。自動詞と他動詞の調査の対象は全て和語の有対自他動詞であるため，漢語率というそれとは独立した変数とここまで強い相関を示したことは興味深い。これは単に語種の問題というよりも，漢語を多用するような文体において，自動詞の出現が抑制されると結論づけられる。

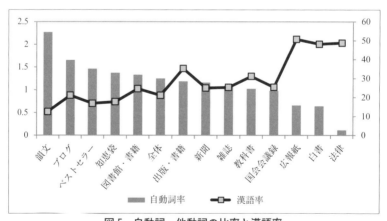

図5　自動詞・他動詞の比率と漢語率

以上で述べたことをまとめると，以下のようになる。
- 自動詞・他動詞の比率はレジスターによって異なる。
- 硬い文体ほど自動詞の使用率は少ない。
- 自動詞をどれだけ使うかということは文体の一側面をなすと言うことができる。

なお，ここまでの分析から，なぜ玉岡ほか(2018)では自動詞・他動詞の使用頻度に差が見られなかったのかということも説明づけられる。玉岡ほか(2018：449)は新聞について，標準的な日本語で書くことが意図されていると説明している。本研究の分析では，「新聞」はBCCWJ「全体」に非常に近い値を示しており，この見方は正しかったと言える。しかし，ちょうど標準的な性質の文体を見れば，偏りは見られないが，様々なレジスターを見れば偏りが存在するのである。

6.　会話では自動詞は多いのか

ここまで，硬い文体では自動詞があまり使われないということを見てきた。では，その反対，例えば日常会話では自動詞は多く使われているのだろうか。この疑問を解決するため，『名大会話コーパス』(NUCC)(藤村ほか2011)のテキストファイルのうち，一部(25,000行，219,337語)を「web茶まめ」(http://chamame.ninjal.ac.jp/)というweb上の形態素解析システムにかけた。その後は書き言葉の時と同様の方法を用い，自他動詞の数を集計した。次ページの図6にToken頻度，図7にType頻度の割合を示す。

どちらも自動詞が多く，特にToken頻度では自動詞率が1.69という値になっている。これはBCCWJと比較すると，韻文の2.27に次ぐ自動詞の多さである。このことから，日常会話では自動詞が優位であると言えそうである。BCCWJの各レジスターと比較したグラフは図8である。「ブログ」や「知恵袋」よりもさらに自動詞の割合が高いことがわかる。

また，今回用いた会話データの漢語率は10.0%であり，BCCWJのどのレジスターよりも低かった(BCCWJで最も漢語率が低いのは「韻文」で12.5%である)。

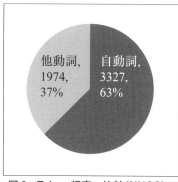 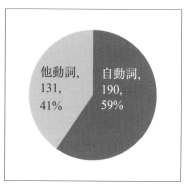

図6　Token 頻度の比較（NUCC）　　　　図7　Type 頻度の比較（NUCC）

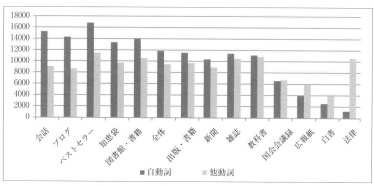

図8　会話と書き言葉の比較（pmw）

　これらのデータをまとめると，日常会話のような，難しい言葉を用いないくだけた文体では自動詞が好まれると言えそうである。日本語が自動詞優位の言語というのは，日常会話では自動詞を多く使うという意味においては正しい。

　一方で，「白書」「法律」などのように，自動詞を使うことを嫌い，他動詞を多く使用するレジスターもある。これはなぜだろうか。本書収録の中石（2020：8）は自動詞は変化の結果に注目し，他動詞は変化を起こす行為に注目するとしている。これは Pardeshi（2002）が主張する「責任」につながる。自動詞を用いて結果だけに触れれば，「責任」に言及

しなくても良い。他方，他動詞を用いて「変化を起こす」行為に注目すれば，そこに変化を起こした者の責任がかかわってくる。よく指摘されるように，パソコンが動かなくなった時には，（7）ではなく（6）のように自動詞を使うのが好まれる。

　（6）　パソコンが壊れたみたい。

　（7）　パソコンを壊したみたい。

　それは，（7）のように言うと，パソコンを壊したことの責任が話者に降りかかってくるからである。責任をとる覚悟があるならば，意図的に壊したのでなくても，（7）のように言うことは可能であろう。しかし，できるだけ自分の責任にはしたくないと考えていれば，（6）を選ぶのが自然である。

　さらに，中石(2020：10)はこの自他の使用は「個人が注目したい点によって表現を自由に選択できるのではなく，言語による表現の好みが存在する」と述べる。日本語の日常会話では結果のみに注目する自動詞を用いて，責任を明らかにせずに会話を進行させることが多い。

　しかし，日本語母語話者も常に責任を明らかにしないわけではない。責任を明確にする必要がある局面がすなわち公の場面であり，BCCWJで言えば「国会会議録」「広報紙」「白書」「法律」といったレジスターになると考えられる。しかし，これは明らかに通常の好みとは異なる。そのため，漢語の多用に代表されるように，会話とは異なる文体とセットになっていると考えられる。以上で述べたことをまとめると，以下のようになる。

- 日常会話では先行研究の言説どおり，自動詞が多く使われる。
- 自動詞を使うと責任に触れず済ませることができる。
- 責任をきちんと明示する時は硬い文体が必要になるのではないか[3]。

3　硬い文体で自動詞が抑制されることの原因としては，硬い文体では「承認される」のように「他動詞＋(ら)れる」が多用される，ということも考えられる。しかしながら，「(ら)れる」の出現頻度については，会話や「韻文」では低いものの，「法律」「広報紙」「国会会議録」においては必ずしも高くはなく，はっきりとした相関は見られない。

7. 自他の導入に用いられる自動詞はどのように使用されているのか

　ここまでは自動詞，他動詞をそれぞれ一括して，コーパスでどちらが多く出現するかという議論を行ってきた。この節では，個別の動詞，特に初級日本語教科書で自他の導入に使われている動詞に着目する。日常会話では自動詞が好まれるという結論が得られ，また学習者にとっても自動詞の習得のほうが問題となると考えられることから，自動詞に焦点を当てて論じていく。

7.1 導入に使う自他対の類型

　初級で導入に使われる動詞はどのように使われているのだろうか。『新文化初級日本語 II』では第 26 課で 15 対の自他動詞が紹介されている。他の代表的な初級教科書ではここまで多くはないので，ひとまずこの 15 対を対象としたい。全体の分析にも使用した『現代語自他対一覧表 Excel 版』の自他対シートにある 548 の自動詞の BCCWJ 出現頻度の平均は 2,813 である。そこでひとまずこのおよそ 2 倍にあたる 5,000 を超える頻度を持つ動詞を「高頻度グループ」，それ以下の動詞を「低頻度グループ」としよう。2 グループに分割した結果が表 2 である。

表 2　『新文化初級日本語 II』の第 26 課で導入される自他対[4]

高頻度グループ （自動詞の頻度 5,000 以上）	低頻度グループ （自動詞の頻度 5,000 未満）
出る-出す，落ちる-落とす， つく-つける，消える-消す， 起きる-起こす，入る-入れる， 乗る-乗せる，動く-動かす	開く[5]-開ける，止まる-止める， 割れる-割る，閉まる-閉める， 切れる-切る，回る-回す， 壊れる-壊す

　いわゆる「定番」対のうち半分程度は頻度が 5,000 未満であることがわかる。表の左側の動詞は「よく使われる」ということを導入の根拠とできそうである。では，右側の動詞を導入する根拠は何だろうか。

4　『新文化初級日本語 II』における提示順に掲出した。

5　「開く」は自動詞「アク」と他動詞「ヒラク」を正確に判断できないため，数値が提供されていない。

7.2　自動詞のコロケーションと他動詞のコロケーション

　高頻度グループの動詞，例えば「出る-出す」の場合には，「水が出る」「私が部屋から出る」と「レポートを出す」「お金を出す」のようによく使用するコロケーションが異なるため，自他の対立をとらえにくい場合がある。一方で，「開く」のような動詞の場合には，「窓が開く」「ドアが開く」と「窓を開ける」「ドアを開ける」のように，自動詞のガ格と他動詞のヲ格に同じ名詞が入るコロケーションの対を考えやすい。

　以下，国立国語研究所と Lago 言語研究所が開発した BCCWJ のコロケーションを調べられる web ツール「NINJAL LWP for BCCWJ」(http://nlb.ninjal.ac.jp/) を利用し，自動詞のガ格名詞と他動詞のヲ格名詞のそれぞれ上位 10 語のうち，どれだけ一致したかを示したのが表3である。ただし，固有名詞（人名など）はカウントしていない。

表3　自動詞と他動詞のコロケーションの一致数

高頻度グループ			低頻度グループ		
自他対	数	一致例	自他対	数	一致例
動く-動かす	7	体，心	開く-開ける	5	ドア，戸，窓，穴，口
消える-消す	3	火，明かり	閉まる-閉める	5	ドア，戸，店，ふた
起きる-起こす	3	問題	止まる-止める	5	足，手，車，息
落ちる-落とす	2	汚れ	回る-回す	3	手，目，気
つく-つける	2	火，気	切れる-切る	2	電話，電源
出る-出す	1	声	壊れる-壊す	2	もの，関係
入る-入れる	1	電話	割れる-割る	1	ガラス
乗る-乗せる	0				

　高頻度グループの動詞は「動く-動かす」を除くと一致数は多くない。一致したとしても，抽象的な名詞であったりする。低頻度グループは，一致数が比較的多く，具体的な名詞であることが多い。こうして見ると，初級の導入に使われる対には以下の2つがあることがわかる。
- BCCWJ での頻度が高い対
- BCCWJ での頻度は高くないが，コロケーション上自他の対応がわ

　　かりやすい対

　なお，頻度が低いうえに，コロケーションが共通する名詞も少ないものが1語存在する。「割れる−割る」である。これについては，多くの教科書で定番になっている「窓が開く−窓を開ける」からの類推で「窓が割れる−窓を割る」が選ばれたのではないだろうか。しかし，実際には「割れる−割る」で共通するコロケーションはガラスしかないし，初級で特に必要なコロケーションとも思えない。「壊れる−壊す」もBCCWJでは抽象的な名詞しか共通しないが，これも「窓，ガラス」から類推して選ばれた可能性がある。

7.3　会話コーパスでよく使われる自動詞

　ここまでの議論は書き言葉コーパスであるBCCWJに基づいたものである。話し言葉ではどうだろうか。コーパス検索アプリケーション「中納言」(https://chunagon.ninjal.ac.jp)を用いて『名大会話コーパス』(NUCC)における自動詞の出現数を見た結果が表4である[6]。

表4　NUCCにおける自動詞の出現数

高頻度グループ		低頻度グループ	
出る	1,742	回る	144
入る	1,366	止まる	109
乗る	555	切れる	82
つく	425	開く	81
落ちる	142	壊れる	45
起きる	132	閉まる	31
動く	112	割れる	12
消える	19		

---

[6]　検索には語彙素を用いたため，「開く」には「開いた」「開いている」などの活用バリエーションが全て含まれる。以降の議論も全ての活用形を含めたうえでの議論である。そのため，「開く」は自他の区別では必要ではないが，結果状態の「ている」の導入において必要となるという議論は成立しない。「窓が開いている。」というパターン自体の使用数が少ないのである。

　まず，自他のコロケーションが比較的一致する低頻度グループを見る。全体として頻度は高くないが，特に低いのは「割れる」ぐらいで，他は一定数使われているようにも見える。しかし，実際に用例を観察するとそう単純ではないことがわかる。まず，「開く」には実際には他動詞「ヒラク」の用例が含まれており，そのほうが数が多い。そして，自動詞「アク」の例も「穴が開く」という文脈が13例と最も多く，教科書的な「窓，扉」の例は5例しか存在しない。同様に「閉まる」についても「店が閉まっている」という文脈が18例に対して，「窓，扉」の例は8例であった。

　次に，高頻度グループを見る。会話コーパスでも高頻度グループは低頻度グループより頻度が高い。しかし，「消える」の頻度だけはそれほど高くない。教科書的には「電気が消える」の例が思い浮かぶが，会話コーパスでは1例も見られなかった。実際には，消えているものはデータや情報である。また，対義語である「つく」も頻度は高いものの，「電気がつく」の例は5例のみであり，多いコロケーションは「気がつく」「傷がつく」のほか，「セットを頼んだらパンがつく」のような「付随」を表す文脈が多い。会話コーパスを調べてわかったことをまとめると，以下のようになる。

- 書き言葉コーパスと話し言葉コーパスで，動詞自体の頻度が高いか低いかはあまり変わらない。
- 書き言葉コーパスと話し言葉コーパスで，コロケーションはかなり異なるため，注意が必要である。ただし，書き言葉か話し言葉かという違いのせいなのか，話題の違いのせいなのか，さらなる調査が必要である。

7.4　初級での導入について

　ここまでの議論をまとめる。初級で導入される自動詞・他動詞の対には大きく以下の2つがある。

- 頻度は高いが，コロケーションが共通せず対応がわかりにくい対。
- 頻度は低いが，コロケーションが共通して対応がわかりやすい対。

どちらを重視するべきか，という問題は結局何のために自動詞・他動

詞の違いを教えるかという問題にかかってくる。文法的な正しさのみを
追求するならば，出現頻度は無視するというのも手である。一方で，学
習者に必要な表現を重視するならば，よく使うコロケーションをどんど
ん示すのがよいだろう。

　筆者にはここで理想的な自他動詞の導入方法を提示する力量はない
が，今回のデータを見渡して一言述べるとすれば，以下のようになる。

- •「自他＝とりあえずドアと窓」という発想は見なおしてもよい。
　　理由は以下の通り2つある。
　　①自動詞の「開く」「閉まる」は会話ではそもそも「穴が開く」「店
　　　が閉まる」という文脈で使われることが多い。これらは生活上必
　　　要な表現である。「窓が開く」「ドアが閉まる」というコロケー
　　　ションはそれに比べて必要度が低い。
　　②母語話者が自動詞を多用するのは結果に注目し，責任に言及しな
　　　いためであるが，ドアという文脈で「結果」「責任」の対比を理
　　　解するのは困難である。

　責任の観点から言うと，「パソコンが壊れる−パソコンを壊す」対や
「データが消える−データを消す」対などのほうが典型的ではないだろ
うか。これらの場合，話者はプロセスがわからないことが多く，結果し
かわからない。また，「開く−開ける」は類義語「ひらく」も存在して
混乱しやすいうえに，「窓があいている」を「窓をあけている」と言っ
て「誤用」になる場面も少ない。あえて使い分けが難しいハードルを用
意する必要はないように思われる。

8.　まとめ

　本研究では，まずBCCWJを調査し，日本語母語話者が本当に自動詞
を多用しているかという問題を検証した。さらに，初級教科書で扱われ
ている個々の自動詞についてコーパス調査を行った。結果は以下の通り
である。

- •自他の比率はレジスターによって異なる。
- •「会話」「ブログ」といった日常的で軟らかい文体では確かに自動詞

が多いが，「国会会議録」「広報紙」「白書」「法律」のような専門的で硬い文体では自動詞の割合はむしろ低い。
- その理由は自動詞が「結果」重視で，それゆえに「責任」を明示しない役割があるためであると考察した。
- 教科書の動詞は「頻度は高いが，コロケーションが一致しにくいもの」「頻度は低いが，コロケーションが一致しやすいもの」の2グループに大別されることがわかった。
- コロケーションは書き言葉と話し言葉で異なることがある。
- 「開く–開ける」「閉まる–閉める」は，会話コーパスではドアや窓の用例は少ないことを指摘した。

　話し言葉では責任を明示しないように自動詞を使っているが，公用文などではむしろ自動詞は避けられるという傾向は非常に興味深い。この点は日本語教育においても，アカデミックライティングなど，客観的な文体で書くことが求められる活動では，主語をはっきりさせて書くことが求められると言えるだろう。

　一方で，日本語のこのような傾向が果たしていつ生まれたのかということも興味深く，歴史コーパスを用いた調査を今後行っていきたい。

参照文献

池上嘉彦(1981)『「する」と「なる」の言語学』大修館書店.

影山太郎(1990)「日本語と英語の語彙の対照」玉村文郎(編)『講座日本語と日本語教育 7』pp. 1-26，明治書院.

小林典子(1996)「相対自動詞による結果・状態の表現 —— 日本語学習者の習得状況」『文芸言語研究・言語篇』29，pp. 41-56，筑波大学文芸・言語学系.

玉岡賀津雄・張婧禕・牧岡省吾(2018)「日本語自他対応動詞 36 対の使用頻度の比較」『計量国語学』31(6)，pp. 443-460.

寺村秀夫(1976)「「ナル」表現と「スル」表現 —— 日英「態」表現の比較」『日本語と日本語教育 —— 文字・表現編』pp. 49-68，大蔵省印刷局.

中石ゆうこ(2020)「日本語の対のある自動詞，他動詞の習得段階とそれに適した指導方法」本書，pp. 1-23，くろしお出版.

野田尚史(1997)「日本語とスペイン語のボイス」『日本語と外国語との対照研究

Ｖ　日本語とスペイン語(2)』pp. 83-113，くろしお出版.

野田尚史(2015)「世界の言語研究に貢献できる日本語文法研究とその可能性」益岡隆志(編)『日本語研究とその可能性』pp. 106-132，開拓社.

Pardeshi, Prashant(2002)'"Responsible" Japanese vs. "Intentional" Indic'『世界の日本語教育』12，pp. 123-144.

パルデシ プラシャント・桐生和幸・ナロック ハイコ(編)(2015)『有対動詞の通言語的研究 ── 日本語と諸言語の対照から見えてくるもの』くろしお出版.

藤村逸子・大曽美恵子・大島ディヴィッド義和(2011)「会話コーパスの構築によるコミュニケーション研究」藤村逸子・滝沢直宏(編)『言語研究の技法 ── データの収集と分析』pp. 43-72，ひつじ書房.

文化外国語専門学校(2000)『新文化初級日本語Ⅱ』文化外国語専門学校.

山崎誠(2009)「代表性を有する現代日本語書籍コーパスの構築」『人工知能学会誌』24(5)，pp. 623-631.

データベース

国立国語研究所「『現代日本語書き言葉均衡コーパス』語種構成表 ver. 1.0」(http://pj.ninjal.ac.jp/corpus_center/bccwj/freq-list.html)

国立国語研究所「『現代日本語書き言葉均衡コーパス』短単位語彙表 ver. 1.0」(http://pj.ninjal.ac.jp/corpus_center/bccwj/freq-list.html)

ナロック ハイコ・パルデシ プラシャント・影山太郎・赤瀬川史朗(2015)『現代語自他対一覧表 Excel 版』(http://watp.ninjal.ac.jp/resources/)

学習者作文と自他の使用頻度

李　在鎬

1．はじめに

　自他の問題は，日本語の構文現象を理解するための基本的な性質である。したがって，日本語学習者にとっても重要な学習項目であることに違いない。そして，多くの日本語学習者において(母語や日本語の習熟度に関係なく)，誤用が見られており，日本語の文法習得における普遍的な課題になると考えられる。こうした課題を受け，本研究では，日本語学習者の作文を例に，母語や習熟度や作文の課題が自他の問題とどう関連しているかを調査した。

2．先行研究と本研究の課題

　自他の問題をめぐる考察には，対の有無から動詞の分布を捉える研究(寺村 1982，早津 1995，中石 2005)，ヴォイスの観点から日本語動詞の形態・統語的特徴を明らかにする研究(野田 1991)，文文法の意味論を捉える研究(佐藤 2005)，「なる型言語」と「する型言語」の類型論的な立場から捉える研究(池上 1981，西光 2010)など，様々なアプローチが存在する。しかし，日本語学や理論言語学の枠組みでなされた研究の多くは分析者の内省に基づくものであった。

　内省に基づく研究の意義を否定するものではないが，分析結果の信頼性という意味では，個人の言語感覚に大きく依拠するものであり，精緻

化が求められる。近年，こうした内省に基づく研究の限界を指摘し，コーパス分析のように実際の言語使用を直接的に分析する研究（玉岡ほか 2018）が目覚ましい成果を上げている。日本語教育分野でいえば，学習者コーパスに対する研究が挙げられ，使用頻度をもとに様々な分析が提案されてきている（迫田 2016，李ほか 2018，野田・迫田（編）2019，迫田・石川・李（編）2020）。例えば，李（2019）では学習者の話し言葉コーパスと書き言葉コーパスの違いを定量的分析手法でもって捉える研究モデルを示している。村田（2018）では JFL（Japanese as a foreign language）環境のドイツ語母語話者の作文に見られる言語的特徴を明らかにするため，大規模なデータ処理による研究の可能性を示している。

　本研究では，李ほか（2018）のコーパス調査の方法を用いて，日本語学習者の自他動詞の使用頻度に関する問題を考察する。とりわけ，自他の頻度に影響を与える要素は何かを考察するものであり，以下の 3 つの研究課題を立て，金澤（編）（2014）をデータにして，調査を行った。

　　研究課題 1：母語によって自他の使用頻度に差はあるのか。
　　研究課題 2：習熟度によって自他の使用頻度に差はあるのか。
　　研究課題 3：作文の課題によって自他の使用頻度に差はあるのか。

　本研究では，コーパスデータの定量的分析により，研究課題 1 は差がないこと，研究課題 2 と 3 には差があることを明らかにする。この結果に対する考察として，自他の使用頻度は話題に従っている可能性があることを示す。

3．データと分析方法

　本研究では，2 節の 3 つの研究課題を明らかにするため，金澤（編）（2014）で公開されている「タスク別書き言葉コーパス」（以下，YNU 書き言葉コーパス）を利用した。YNU 書き言葉コーパスは，OPI の方法で構築された「KY コーパス」の書き言葉版を目指したもので，大学生たちの「書く」活動に注目したコーパスである。日本語学習者と日本語母語話者の作文を収録したものであり，表 1 に示す 12 のタスクで構成されている。

表 1　YNU 書き言葉コーパスのタスク

発信の タイプ	読み手のタイプ	長さのタイプ	
		A	B
自発型	特定：疎（目上）	タスク1	タスク4
	特定：親（同）	タスク2	タスク5
	不特定	タスク3	タスク6
頼まれ型	特定：疎（目上）	タスク7	タスク10
	特定：親（同）	タスク8	タスク11
	不特定	タスク9	タスク12

　YNU 書き言葉コーパスでは，3 つの観点でタスクが構成されている（金澤（編）2014：7）。
　（1）　発信のタイプ：自発型（自分から何かのお願いをするタイプ），頼まれ型（頼まれたがために行うタスク）
　（2）　読み手のタイプ：特定の決まった相手で，同年代の親しい関係（特定：親（同）），特定の相手ではあるが，目上で距離のある関係（特定：疎（目上）），特定の決まった相手が存在しない関係（不特定）
　（3）　長さのタイプ：比較的短い内容で表現できるタスク（長さA），ある程度の長さが想定されるタスク（長さB）
上記の観点により，タスク 1 〜タスク 12 が設定され，日本語母語話者30 名，韓国語母語の日本語学習者 30 名，中国語母語の日本語学習者 30名の書き言葉が収集されている。合計でいえば 1,080 編（日本語，韓国語，中国母語話者，各々 360 件（30 名× 12 タスク））の作文が収録されている。そして，12 のタスクの達成度によって，学習者を上位群・中位群・下位群の 3 グループに分けている。
　本研究では，1,080 編の作文に対して，以下の 4 つのステップで処理を行い，分析を行った。
　（1）　形態素解析
　（2）　自他の頻度調査
　（3）　記述統計

（4）　分散分析とコレスポンデンス分析

まず，ステップ1として，辞書形単位で正確な集計を行う必要があったため，全データを MeCab（形態素解析エンジン）と UniDic（解析辞書）で形態素解析を行った（形態素解析の手順については李ほか(2018)参照）。

次に，ステップ2の作業として，自他動詞の特定と頻度を調べた。自他動詞の特定に関しては，ナロックほか(2015)の『現代語自他対一覧表Excel 版』を利用して行った。

次に，ステップ3として，ステップ2で収集したデータで度数分布表を作成し，中央値や平均値など，記述統計量を計算した。

最後に，ステップ4として，推測統計の方法である分散分析を用いて，母語，習熟度，タスクによる統計的な有意差の有無を調べた。そして，多変量解析の方法であるコレスポンデンス分析を用いて，タスクと自他動詞の対応を調べた。

4．結果

ステップ1の結果，コーパスサイズは，248,261 形態素であり，動詞の延べの使用頻度は13,710 であった。これは，形態素解析の品詞情報として「動詞-一般」のものを数えた結果である。ステップ2の作業として，すべての動詞の自他別の出現数を調べた結果，以下のとおりとなった。

表2　YNU 書き言葉コーパスにおける動詞の使用頻度

	自動詞	他動詞	両用	合計
延べ頻度(回)	7,248	6,364	98	13,710
異なり語数(語)	204	214	9	427

表2の頻度に関しては，2点，補足したい点がある。1つ目は，形態素解析システムでは，正用と誤用の判別はできないため，自他に関わる誤用があったとしても，間違ったほうで数えられていることであり，2

つ目は，「について」や「において」など，いわゆる機能表現の一部に
動詞由来のものが含まれていた場合，形態素解析システムでは，「動
詞－一般」(「つく」「於く」)として数えられることである。

　さて，自動詞の上位5語は，「言う(1,315回)，思う(1,222回)，つく
(542回)，会う(425回)，分かる(207回)」であった。他動詞の上位5
語は「作る(435回)，入れる(307回)，考える(300回)，食べる(284
回)，聞く(272回)」であった。両用動詞の上位5語は，「暮らす(43
回)，伺う(28回)，閉じる(9回)，構う(7回)，結ぶ(4回)」であった。

　次に，1,080編の作文単位で自他動詞の頻度表を作り，母語と習熟度
とタスクによる使用頻度の違いを調べた。

表3　母語，習熟度，タスクと自他の使用頻度のクロス集計表(単位：回)

属性		延べ頻度			総計
		自動詞	他動詞	両用動詞	
母語	中国語(n=360)	2,508	2,276	29	4,813
	韓国語(n=360)	2,451	2,105	32	4,588
	日本語(n=360)	2,289	1,983	37	4,309
習熟度	下位(n=240)	1,376	1,233	10	2,619
	中位(n=240)	1,732	1,539	22	3,293
	上位(n=240)	1,851	1,609	29	3,489
	日本人(n=360)	2,289	1,983	37	4,309
タスク	1(n=90)	324	503	23	850
	2(n=90)	183	432	0	615
	3(n=90)	375	60	0	435
	4(n=90)	623	436	2	1,061
	5(n=90)	1,029	711	4	1,744
	6(n=90)	631	401	18	1,050
	7(n=90)	529	483	4	1,016
	8(n=90)	251	329	0	580
	9(n=90)	609	1,401	7	2,017
	10(n=90)	622	390	3	1,015
	11(n=90)	521	329	1	851
	12(n=90)	1,551	889	36	2,476

表 3 の延べ頻度をもとに属性別の記述統計量を求めた。

表 4　母語，習熟度，タスク別の記述統計量

属性		自動詞			他動詞		
		平均値	中央値	標準偏差	平均値	中央値	標準偏差
母語	中国語(n=360)	6.97	6.00	4.952	6.32	5.00	5.880
	韓国語(n=360)	6.81	5.00	4.894	5.85	5.00	4.152
	日本語(n=360)	6.36	5.00	5.505	5.51	5.00	4.297
習熟度	下位(n=240)	5.73	5.00	3.929	5.14	4.00	4.382
	中位(n=240)	7.22	6.00	4.862	6.41	5.00	4.934
	上位(n=240)	7.71	6.00	5.623	6.70	5.00	5.750
	日本人(n=360)	6.36	5.00	5.505	5.51	5.00	4.297
タスク	1(n=90)	3.60	3.00	1.675	5.59	5.00	2.049
	2(n=90)	2.03	2.00	1.652	4.80	4.50	1.885
	3(n=90)	4.17	4.00	2.079	0.67	0.00	0.948
	4(n=90)	6.92	7.00	2.973	4.84	4.00	2.508
	5(n=90)	11.43	11.00	5.084	7.90	7.00	3.648
	6(n=90)	7.01	6.00	4.077	4.46	4.00	2.571
	7(n=90)	5.88	6.00	2.902	5.37	5.00	2.850
	8(n=90)	2.79	3.00	1.311	3.66	3.00	1.581
	9(n=90)	6.77	6.00	4.108	15.57	14.00	7.098
	10(n=90)	6.91	7.00	3.030	4.33	4.00	2.562
	11(n=90)	5.79	5.00	2.977	3.66	3.00	2.380
	12(n=90)	17.23	17.00	4.700	9.88	10.00	4.124

　表 4 の記述統計量は，母語や習熟度やタスク別に母集団を作成し，その中での平均値や中央値や標準偏差を計算したものである。例えば，母語を例に説明すれば，中国語母語話者の作文は，YNU 書き言葉コーパスでは 360 編収録されている。その 360 編のうち 1 つの作文で平均値として何回，動詞が出現するかを数えた。自動詞の場合，1 つの作文で 6.97 回，他動詞の場合，1 つの作文で 6.32 回使用されていた。同じ方法

で，韓国語母語話者や日本語母語話者の作文についても調べた。そして，習熟度やタスクに関しても同様の方法で調べた。なお，n は集団の作文数を示している。

　表4の平均値に関連して，統計的な有意差の有無を確認すべく，一元配置分散分析を行った。母語に関しては自動詞（$F(2,1077)=35.858$, $p=.256$）と他動詞（$F(2,1077)=2.569$, $p=.077$）のいずれに関しても，統計的な有意は確認されなかった。しかし，習熟度とタスクに関しては統計的な有意差が見られた（習熟度による自動詞頻度：$F(3,1076)=7.441$, $p=.000$，習熟度による他動詞頻度：$F(3,1076)=5.939$, $p=.001$，タスクによる自動詞頻度：$F(11,1068)=143.976$, $p=.000$，タスクによる他動詞頻度：$F(11,1068)=123.985$, $p=.000$）。

　以上の結果をまとめると，母語の違いで自他の使用頻度に差があるとはいえないということが明らかになった。一方，習熟度とタスクの違いは，自他の使用頻度において有意な差が見られたのである。習熟度に関しては，自動詞に関しても，他動詞に関しても，下位から上位に進むにつれ，使用頻度の平均が上がっていくことが確認できた。また，日本語母語話者のデータは，平均値としては日本語学習者の下位と中位の間に位置することも確認できた。また，タスク3のように自動詞がよく使われるものもあれば，タスク9のように他動詞がよく使われるものもあることが明らかになった。

5.　考察

　本節では，自他の使用頻度と複雑な関係にあるタスクの中身について述べる。4節の分散分析の結果から，タスクによって自動詞の使用頻度，他動詞の使用頻度，いずれも異なることが明らかになった。これを踏まえ，YNU 書き言葉コーパスの 1,080 編の作文で自動詞がよく使われる作文，他動詞がよく使われる作文，自他の差がない作文のグループに分けた。グループ分けのために，コーパス分析で広く用いられる差異係数を使った。差異係数（（自動詞頻度 − 他動詞頻度）／（自動詞頻度＋他動詞頻度））が 1.0 〜 0.3 のものを自動詞中心，0.3 〜 -0.3 を自他の差な

し，-0.3 〜 -1.0 を他動詞中心とした。

表5　差異係数によるグループ化の例

ID	自動詞頻度	他動詞頻度	差異係数	グループ
C050	7	2	(7-2)/(7+2)=0.556	自動詞中心
K021	3	2	(3-2)/(3+2)=0.200	自他の差なし
J024	1	4	(1-4)/(1+4)=-0.600	他動詞中心

　表5では，差異係数によるグループ化の例を示した。例えば，C050
の作文で自動詞が7回，他動詞が2回使用された場合，その差異係数は
0.556となり，自動詞が中心になっている作文であると判断した。同じ
ような方法で，1,080編の作文を分けた。

表6　タスクと自他の分布（単位：編）

タスク	自動詞中心	他動詞中心	自他の差なし	総計
1	3	33	54	90
2	1	65	24	90
3	81	0	9	90
4	34	5	51	90
5	34	7	49	90
6	40	9	41	90
7	19	14	57	90
8	5	25	60	90
9	0	58	32	90
10	33	2	55	90
11	39	6	45	90
12	43	1	46	90
総計	332	225	523	1,080

　表6は，各タスクに対して，90編の作文の傾向を示している。タス
ク1であれば，自動詞が多く使われているのが3編，他動詞が多く使わ

れているのが33編，自他の差が特になく，どちらも使用されているのが54編あるということになる。表6によって，タスクによる自他の偏りが確認できるが，より明示的な分析のため，多変量解析の方法であるコレスポンデンス分析を行った。

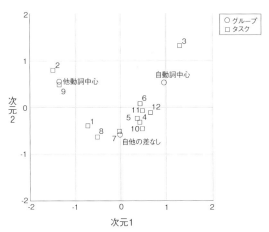

図1　コレスポンデンス分析の結果

　図1のコレスポンデンス分析は，「自動詞中心」「他動詞中心」「自他の差なし」の3グループとタスク「1〜12」の対応関係を2次元空間上に配置している。○はグループ，□はタスクに対応している。解釈のポイントは2点である。1つ目はグループとタスクの距離の近さで，2つ目は原点(0,0)との距離で，原点に近ければ近いほど特徴がないという解釈になる。

　以上の観点から図1を捉えた場合，4つの事実が見えてくる。1つ目は，他動詞中心のグループに，タスク2とタスク9があること，2つ目は，自動詞中心のグループに，タスク3があること，3つ目は自他の差なしに，タスク1，7，8があること，4つ目は(原点に近いことから)タスク4，5，6，10，11，12は自他に関して大きな特徴を持たないことである。

では，この分布に関わる要素は何であろうか。このことを確認するため，実際のタスクと出現する動詞を確認する。他動詞中心のタスク9と自動詞中心のタスク3，自他の差がないタスク7を具体的に検討する。

・タスク9：あなたは，町の国際交流センターの広報紙で，「国の代表的な料理を紹介する」というコーナーの執筆を依頼されました。あなたの国の代表的な料理を1つ選んで，どんな料理か，どうやって作るのか，どんな時に食べるのか，等詳しく書いてください。

（日本語母語話者向けタスクは，下線部が「日本」）

・タスク3：あなたはデジタルカメラの普及についてのレポートを書きましたが，先生にA社についてのグラフの説明を加えるようにいわれました。（図・省略）このグラフの内容を説明する文章を書いてください。

・タスク7：指導教授の伊藤先生が休暇であなたの国（故郷）を訪問するそうです。おすすめの観光スポットや名物を教えてほしいとメールで頼まれました。詳しく伝えてください。

これらのタスクに対して，どのような動詞が使用されたのか確認する。紙面の都合上，上位10語のみを取り上げる。

表7　タスク9の高頻度動詞（上位10語）（単位：回）

語彙	下位	中位	上位	日本人	合計
入れる	67	76	79	57	279
食べる	65	42	40	90	237
作る	55	65	56	60	236
言う	28	39	44	53	164
思う	18	23	21	8	70
炒める	11	11	20	4	46
交ぜる	12	11	10	9	42
因る	8	7	9	15	39
使う	2	12	7	18	39
乗せる	0	8	12	19	39

表8　タスク3の高頻度動詞（上位10語）（単位：回）

語彙	下位	中位	上位	日本人	合計
つく	22	20	21	30	93
減る	8	10	4	4	26
分かる	6	6	8	5	25
増える	8	8	7	2	25
下がる	7	4	8	2	21
上がる	10	5	3	0	18
伸びる	2	3	3	9	17
言う	3	3	5	4	15
戻る	6	3	4	1	14
因る	3	2	7	2	14

表9　タスク7の高頻度動詞（上位10語）（単位：回）

語彙	下位	中位	上位	日本人	合計
思う	25	41	44	51	161
言う	22	32	26	31	111
勧める	15	25	25	43	108
つく	11	14	15	13	53
楽しむ	5	12	9	18	44
聞く	15	11	6	9	41
食べる	10	9	6	10	35
知る	7	2	7	5	21
感ずる	5	8	4	2	19
過ごす	4	1	4	7	16

　まず，表7のタスク9に注目すると，料理を作るという活動に特化した語彙が多く見られる。また，語彙の使用に関して，「使う」と「乗せる」については多少の差は見られるものの，下位〜上位，そして日本人の作文に目立った差はない。表7の語彙の差は，説明のために選んでい

る料理の差によるもので，日本人は「すし」などを選ぶことが多く，(1a)のような表現が見られる。中国人話者の場合，（中華料理であるために）(1b)のように「炒める」という動詞が頻出している。

（1）a.　その上にさしみをのせて，さらに握ります。

（出典 ID：task_09_J003）

　　　b.　切ったとり肉を入れて炒め，3分経ったら木の子を入れ

（出典 ID：task_09_C002）

次に，表8のタスク3に注目すると，増減や上下といった変化に関わる語彙が多く見られる。習熟度の点では，日本人は「伸びる」という表現を使っているのに対して，下位の集団は「上がる」という表現を多用していることが確認できる。

（2）a.　しかし2008年から昨年までの2年間で業績は急激に伸び，2010年には2004年とほぼ同じ約10万台を記録している。　　　　　　　　　　　　　　（出典 ID：task_03_J022）

　　　b.　2008年にはすこし上がる傾向を見せる。

（出典 ID：task_03_C050）

最後に，表9のタスク7に注目すると，「思う」「楽しむ」「知る」「感ずる」のように個人の活動に関わる動詞が多く見られた。また，（3）に示すような定型的な表現も多く見られた。

（3）a.　是非六本木を中心とした観光をおすすめしたいと思います。　　　　　　　　　　　　　　　　（出典 ID：ask_07_J020）

　　　b.　それでは楽しい休暇をお過ごし下さい！

（出典 ID：task_07_J009）

断片的ではあるが，以上の事例から動詞の選択がタスクで指定している話題に従っていることが確認できる。ということは，自他の選択に関しても，タスクのタイプ，すなわち自発型か頼まれ型かの違いや読み手との親疎が与える影響は小さい。むしろ，話題のタイプとして料理の話題か，グラフの説明に関する話題か，おすすめスポットを紹介するための話題かが影響を与えている。つまり，話題に従ってなされている可能性があるといえる。以上のことを踏まえて，考えてみた場合，自他の問

題を明らかにするためには，話題を単位とする具体的な記述が求められるといえよう。

6．まとめ

　本研究では，コーパス分析の方法で，YNU書き言葉コーパスを分析し，自他の使用頻度に影響を与える要素は何かについて，考察した。分析の結果，母語による使用頻度の差は見られないが，習熟度とタスクによっては使用頻度に差が見られた。習熟度に関していえば，下位から上位に進むにつれ，自動詞も他動詞も増える傾向にあることが確認できた。これは産出量が増えたことに起因するものと考えられる。タスクについては，自動詞が多く出現するタイプ，他動詞が多く出現するタイプ，自他の顕著な差がないタイプがあり，これらを詳細に分析した結果，話題に従っている可能性を指摘した。

コーパス・分析資料

金澤裕之(編)(2014)『日本語教育のためのタスク別書き言葉コーパス』ひつじ書房．

ハイコ ナロック・プラシャント パルデシ・影山太郎・赤瀬川史朗(2015)『現代語自他対一覧表 Excel 版』(http://watp.ninjal.ac.jp/resources/)

参照文献

池上嘉彦(1981)『「する」と「なる」の言語学 ── 言語と文化のタイポロジーへの試論』大修館書店．

迫田久美子(2016)「コーパスを利用した第二言語習得研究の可能性と課題 ── 多言語母語の日本語学習者横断コーパス(I-JAS)の構築に向けて」『第二言語としての日本語の習得研究』19，pp.5-28.

迫田久美子・石川慎一郎・李在鎬(編)(2020)『日本語学習者コーパス I-JAS 入門 ── 研究・教育にどう使うか』くろしお出版．

佐藤琢三(2005)『自動詞文と他動詞文の意味論』風間書房．

玉岡賀津雄・張婧禕・牧岡省吾(2018)「日本語自他対応動詞 36 対の使用頻度の比較」『計量国語学』31(6)，pp.443-460.

寺村秀夫(1982)『日本語のシンタクスと意味 I 』くろしお出版．

中石ゆう子(2005)「対のある自動詞・他動詞の第二言語習得研究——「つく–つける」,「きまる–きめる」,「かわる–かえる」の使用状況をもとに」『日本語教育』124, pp. 23-32.

西光義弘(2010)「他動性は連続体か?」西光義弘・プラシャント パルデシ(編)『自動詞・他動詞の対照』くろしお出版, pp. 211-234, .

野田尚史(1991)「文法的なヴォイスと語彙的なヴォイスの関係」仁田義雄(編)『日本語のヴォイスと他動性』pp. 211-232, くろしお出版.

野田尚史・迫田久美子(編)(2019)『学習者コーパスと日本語教育研究』くろしお出版.

早津恵美子(1995)「有対他動詞と無対他動詞の違いについて」須賀一好・早津恵美子(編)『動詞の自他』pp. 179-197, ひつじ書房.

村田裕美子(2018)「ドイツ語を母語とする日本語学習者の作文に見られる言語的特徴——習熟度の差は産出にどう現れるのか」『第二言語としての日本語の習得研究』21, pp. 61-76.

李在鎬(2019)「学習者の語彙使用は習熟度を反映しているか——学習者コーパスの定量的分析」野田尚史・迫田久美子(編)『学習者コーパスと日本語教育研究』pp. 87-104, くろしお出版.

李在鎬・石川慎一郎・砂川有里子(2018)『新・日本語教育のためのコーパス調査入門』くろしお出版.

辞書における自動詞・他動詞と
コーパスにおける実態

山崎　誠

1.　はじめに

　自動詞・他動詞の区別は多くの国語辞書に掲載されているが，それらの情報はどの辞書でも同じなのだろうか。もし，同じだとしたら辞書は1冊持っていればよいことになる。自動詞・他動詞の区別が違っていたら，複数の辞書を見比べて判断することになるだろうが，どれが妥当なのかは，日本語学習者はもとより，それを教える教員でも判断は難しいのではないだろうか。

　そこで，いくつかの国語辞書を比較して，動詞ごとに自動詞・他動詞の情報がどのようになっているかを調べ，その違いの理由を分析することにした。また，自他にゆれがあった動詞をコーパス（『現代日本語書き言葉均衡コーパス』）における頻度情報と比較し，辞書における自他のゆれがコーパス上ではどのように現れるかも併せて概観した。コーパスの利用は日本語教育でも近年普及しつつある。コーパスから得た情報を教育の現場に活かすためには，教師側がコーパス使用のメリットをまずしっかりと理解した上で，授業内容に反映させることが肝要である。本稿では，ウェブ上で簡単に利用できる「中納言」という検索システムを使った結果を用いて，実際の用法を観察した。また，学習者もコーパスを利用することで，一層理解が深まるものと思われる。

　なお，国立国語研究所（西尾・宮島）(1971)に「自動詞か他動詞か決め

にくい語の用例」として800語あまりの動詞(サ変動詞を含む)が挙げられているが，それと同じような小調査を試みたものである。

2．データ

動詞の選定は，日本語学習辞書支援グループ(2015)「日本語教育語彙表 Ver 1.0」(以下，「語彙表」という)を利用した。同語彙表には，2153個の動詞が収録されているが，そのうち語彙の難易度が「初級前半」(33語)，「初級後半」(89語)と判断されている，122語を対象とした。

利用した国語辞書は小型国語辞書の中から次の5冊を選んだ(書名の五十音順)。なお，以下では略称(『岩波』『三省堂』『新選』『新明解』『明鏡』)を用いる。

①『岩波国語辞典』第七版新版　　②『三省堂国語辞典』第七版
③『新選国語辞典』第九版　　　　④『新明解国語辞典』第七版
⑤『明鏡国語辞典』第二版

3．調査方法

自動詞か他動詞かの判定は，原則として，辞書の凡例にある「自動詞」「他動詞」のラベルで表示されているものを基準とした。また，作業基準として以下の方針を立てた。

（1）「語彙表」の動詞と各国語辞書の動詞とでは見出し語の意味的な範囲が異なる場合があるが，該当する動詞項目があれば，それを対応させた。例えば，「語彙表」の「要(い)る」は『岩波』では，見出し語「入(い)る」(自動詞)の3番目の意味として挙がっているため，その意味に限定して対応させ，自動詞とした。

（2）「語彙表」において平仮名で表記され，同音の動詞が他にもある語は以下のように処理した。
「いる」…「居(い)る」とみなす。
「おる」…「居(お)る」とみなす。
「くれる」…「呉れる」とみなす。

「すく」…「透く・空く」とみなす。

（3）　『新選』には古語の意味も掲載されているが，それは調査対
象としなかった（「住む」の他動詞表示など）。

4．結果

　結果を表1に示す。「自」は自動詞用法あり，「他」は他動詞用法あり
を示す。「自他」「他自」はいずれも自動詞と他動詞の両方の用法があっ
たことを示す。「自他」か「他自」かは元の辞書の表記をそのまま利用
した。「他（自）」は，他動詞だが，語釈中に自動詞用法が記されている
ことを示す。「自（他）」はその逆のケースである。

　「一致」の列には，5つの辞書の自他情報がすべて一致した場合に
「○」を，ひとつでも違えば「×」を付した。その際，「自他」「他自」
「自（他）」「他（自）」は，すべて同じ情報とみなした。

表1　5冊の国語辞書における動詞の自他（動詞の五十音順）

動詞	読み	難易度	岩波	三省堂	新選	新明解	明鏡	一致
会う	アウ	初級前半	自	自	自	自	自	○
合う	アウ	初級後半	自	自	自	自	自	○
上がる	アガル	初級後半	自	自他	自他	自他	自他	×
開く	アク	初級後半	自	自他	自	自	自他	×
開ける	アケル	初級前半	他	他	他	他	他	○
上げる	アゲル	初級後半	他自	他自	他	他自	他自	×
遊ぶ	アソブ	初級前半	自	自	自	自	自	○
集まる	アツマル	初級後半	自	自	自	自	自	○
浴びる	アビル	初級後半	他	他	自	他	他	×
洗う	アラウ	初級後半	他	他	他	他	他	○
ある	アル	初級前半	自	自	自	自	自	○
歩く	アルク	初級前半	自	自	自	自	自	○
言う	イウ	初級前半	他自	他自	他自	他自	他自	○
生きる	イキル	初級後半	自	自他	自	自	自他	×
行く	イク	初級前半	自	自	自	自	自	○

動詞	読み	難易度	岩波	三省堂	新選	新明解	明鏡	一致
いらっしゃる	イラッシャル	初級後半	自	自	自	自	自	○
いる	イル	初級前半	自	自	自	自	自	○
要る	イル	初級後半	自	自	自	自	自	○
入れる	イレル	初級後半	他	他	他	他	他	○
歌う	ウタウ	初級前半	他	他	他	他	他	○
生まれる	ウマレル	初級後半	自	自	自	自	自	○
売る	ウル	初級後半	他	他自	他	他	他	×
選ぶ	エラブ	初級後半	他	他	他	他	他	○
起きる	オキル	初級前半	自	自	自	自	自	○
置く	オク	初級後半	他自	他自	他自	他自	他自	○
送る	オクル	初級後半	他	他	他	他	他自	×
遅れる	オクレル	初級後半	自	自	自	自	自	○
教える	オシエル	初級前半	他	他自	他	他	他	×
押す	オス	初級後半	他(自)	他自	他自	他	他(自)	×
落ちる	オチル	初級後半	自	自	自	自	自	○
落とす	オトス	初級後半	他	他	他	他	他	○
覚える	オボエル	初級後半	他	他	他	他	他	○
思う	オモウ	初級後半	他	自他	他	他	他(自)	×
泳ぐ	オヨグ	初級前半	自	自	自	自	自	○
降りる	オリル	初級後半	自	自	自	自	自	○
下りる	オリル	初級後半	自	自	自	自	自	○
おる	オル	初級後半	自	自	自	自	自	○
終わる	オワル	初級前半	自(他)	自他	自他	自他	自他	○
買う	カウ	初級前半	他	他	他	他	他	○
飼う	カウ	初級後半	他	他	他	他	他	○
返す	カエス	初級後半	他	他自	他	他(自)	他自	×
帰る	カエル	初級前半	自	自	自	自	自	○
変える	カエル	初級後半	他	他	他	他	他	○
書く	カク	初級前半	他	他	他	他	他	○
貸す	カス	初級前半	他	他	他	他	他	○
借りる	カリル	初級後半	他	他	他	他	他	○

動詞	読み	難易度	岩波	三省堂	新選	新明解	明鏡	一致
渇く	カワク	初級後半	自	自	自	自	自	○
変わる	カワル	初級後半	自	自	自	自	自他	×
考える	カンガエル	初級後半	他	他	他	他	他	○
頑張る	ガンバル	初級後半	自他	自他		自(他)	自(他)	×
消える	キエル	初級後半	自	自	自	自	自	○
聞く	キク	初級前半	他	自他	他	他	他	×
聞こえる	キコエル	初級後半	自	自	自	自	自	○
決まる	キマル	初級後半	自	自	自	自	自	○
決める	キメル	初級後半	他	他自	他	他	他	×
着る	キル	初級前半	他	他	他	他	他	○
切る	キル	初級前半	他	他	他	他	他自	×
曇る	クモル	初級後半	自	自	自	自	自	○
来る	クル	初級前半	自	自	自	自	自	○
くれる	クレル	初級後半	他	他	他	他	他	○
消す	ケス	初級後半	他	他	他	他	他	○
答える	コタエル	初級後半	自	自	自	自	他自	×
困る	コマル	初級後半	自	自	自	自	自	○
壊す	コワス	初級後半	他	他	他	他	他	○
死ぬ	シヌ	初級後半	自	自	自	自	自	○
閉まる	シマル	初級後半	自	自	自	自	自	○
閉める	シメル	初級後半	他	他	他	他	他	○
調べる	シラベル	初級後半	他	他	他	他	他	○
知る	シル	初級前半	他	他	他	他	他	○
吸う	スウ	初級後半	他	他	他	他	他	○
すく	スク	初級後半	自	自	自	自	自	○
進む	ススム	初級後半	自	自	自	自	自	○
捨てる	ステル	初級後半	他	他	他	他	他	○
住む	スム	初級前半	自	自	自	自	自	○
する	スル	初級前半	自他	他自	他自	他自	自他	○
座る	スワル	初級後半	自	自	自	自	自	○
出す	ダス	初級後半	他	他	他	他	他	○

動詞	読み	難易度	岩波	三省堂	新選	新明解	明鏡	一致
立つ	タツ	初級後半	自	自	自	自	自	○
立てる	タテル	初級後半	他	他	他	他	他	○
楽しむ	タノシム	初級後半	他	他	他	他	他	○
食べる	タベル	初級前半	他	他	他	他	他	○
違う	チガウ	初級後半	自	自	自	自	自	○
使う	ツカウ	初級後半	他	他	他	他	他	○
疲れる	ツカレル	初級後半	自	自	自	自	自	○
作る	ツクル	初級前半	他	他	他	他	他	○
出掛ける	デカケル	初級後半	自	自	自	自	自	○
出来る	デキル	初級後半	自	自	自	自	自	○
出る	デル	初級後半	自	自	自	自	自	○
届く	トドク	初級後半	自	自	自	自	自	○
飛ぶ	トブ	初級後半	自	自	自	自	自	○
止まる	トマル	初級後半	自	自	自	自	自	○
取る	トル	初級後半	他	他	他	他	他自	×
撮る	トル	初級後半	他	他	他	他	他	○
成る	ナル	初級後半	自	自	自	自	自	○
脱ぐ	ヌグ	初級後半	他	他自	他	他	他(自)	×
寝る	ネル	初級前半	自	自	自	自	自	○
登る	ノボル	初級後半	自	自	自	自	自	○
飲む	ノム	初級前半	他	他	他	他	他	○
乗る	ノル	初級後半	自	自	自	自	自	○
入る	ハイル	初級後半	自	自	自	自	自	○
履く	ハク	初級後半	他	他	他	他	他	○
始まる	ハジマル	初級後半	自	自	自	自	自	○
始める	ハジメル	初級後半	他	他	他	他	他	○
走る	ハシル	初級後半	自	自	自	自	自	○
働く	ハタラク	初級後半	自(他)	自他	自他	自他	自他	○
話す	ハナス	初級後半	他	他	他	他	他	○
晴れる	ハレル	初級後半	自	自	自	自	自	○
引く	ヒク	初級後半	他自	他自	自他	他自	他自	○

動詞	読み	難易度	岩波	三省堂	新選	新明解	明鏡	一致
弾く	ヒク	初級後半	他	他	他	他	他	○
降る	フル	初級後半	自	自	自	自	自	○
待つ	マツ	初級前半	他	他	他	他	他	○
見える	ミエル	初級後半	自	自	自	自	自	○
磨く	ミガク	初級後半	他	他	他	他	他	○
見せる	ミセル	初級後半	他	他	他	他	他	○
見る	ミル	初級前半	他	他	他	他	他	○
持つ	モツ	初級後半	他自	他自	他自	自他	他自	○
もらう	モラウ	初級後半	他	他	他	他	他	○
休む	ヤスム	初級前半	自他	自	自	自他	自他	×
呼ぶ	ヨブ	初級後半	他	他	他	他	他	○
読む	ヨム	初級前半	他	他	他	他	他	○
分かる	ワカル	初級前半	自	自	自	自	自	○
忘れる	ワスレル	初級後半	他	他	他	他	他	○

　表2には，用法別の語数を示した。表2によると，用法が一致するものが102語であり，その内訳は，自動詞のみが52語(42.6%)，他動詞のみが43語(35.2%)，自他両用が7語(5.7%)であった。また，用法が不一致だったのは，「上がる」「開(あ)く」「上げる」「浴びる」「生きる」「売る」「送る」「教える」「押す」「思う」「返す」「変わる」「頑張る」「聞く」「決める」「切る」「答える」「取る」「脱ぐ」「休む」の20語であった。調査した動詞の約6語に1語は不一致だったことになる。

表2　自他用法の語数

	用法	計(初級前半 / 初級後半)	計
一致	自	52(13/39)	102(83.6%)
	他	43(13/30)	
	自他	7(3/ 4)	
不一致	自・自他	7(1/ 6)	20(16.4%)
	自・他	1(0/ 1)	
	他・自他	12(3/ 9)	

5.　自他が食い違っている例

　自他の用法が食い違う理由を見ると，特定の用法の有無が関わっているものが多い。それらは大別すると新用法と既存の用法の捉え方の違いに分けられる。以下，この2つについて説明する。新用法は「売る」「押す」「脱ぐ」の3語，既存の用法は「上がる」「開(あ)く」「上げる」「浴びる」「生きる」「送る」「教える」「思う」「返す」「変わる」「頑張る」「聞く」「決める」「切る」「答える」「取る」「休む」の17語である。

5.1　新用法について

　新用法が認められた「売る」「押す」「脱ぐ」の3語について，以下でひとつずつ挙げ，括弧内に各辞書における自他の分布を示して分析を行う。また，『現代日本語書き言葉均衡コーパス』(BCCWJ)における用法の頻度情報を併せて示す。頻度情報はBCCWJ全体を短単位で検索した結果からランダムに抽出した100例に基づく。

①「売る」(他動詞4種，自他両用1種)

　自動詞の例としては，『三省堂』『明鏡』(例文(1)(2))がある。「～が売っている」という用法は，又平(2001)や田川(2002)で指摘されている比較的新しい用法と見られる。田川(2002)によるとこの用法は「疑似自動詞」と呼ばれ，「置く」「貼る」などにも類例が認められるという。

　　（1）　う・る［売る］［一］(他五)〈省略〉［二］(自五)〔俗〕〔「…が売っている」の形で〕売られている。「店にパンが売っている」　　　　　　　　　　　　　　　　　　　　　　　　　　　(三省堂)
　　（2）　う・る「売る」(他五)①代金と引き換えに品物や権利などを相手に渡す。〈例文省略〉(語法)「イチゴが売っていたよ」のように，物を主語にした「～が売っている」の形が時に見られるが，文法的には誤り。　　　　　　　　　　(明鏡)

　コーパスにおける頻度は，他動詞が97例，自動詞(上記「～が売っている」のような例)が3例であった。3例はいずれもブログやWEBの掲示板の例であった。

②「押す」(自他両用4種，他動詞1種)

　自動詞用法は，時間が足りなくなるという意味である(例文(3)

（４））。この用法は，元は放送業界などで使われたものが一般化したと思われる。なお，『新明解』にはこの用法がなかった。

（３）　お−す【押す・推す・△圧す】（五他）〈省略〉②放送界・芸能界で，プログラムの進行の遅れがあとを圧迫する。「二分半−・していますよ」▽自動詞的な感じで使うことが多い。

（岩波）

（４）　お・す【押す】（他五）〈省略〉⑥〔自動詞的に〕そのままの状態で物事を進める。行く。「この方針［強気］で−」〈省略〉⑪〔自動詞的に〕放送・会議などで，予定が延びて遅れぎみになる。「時間が−・しているので急いでくれ」　（明鏡）

BCCWJ では，自動詞の「押す」の用法はなかった。

③「脱ぐ」（他動詞３種，自他両用２種）

　自動詞用法はヌードになるという意味である（例文（５）（６））。この用法も比較的新しいものと思われる。

（５）　ぬ・ぐ［脱ぐ］［一］（他五）からだにつけているものを取る。「上着を−・くつを−」（⇔着る・はく）［二］（自五）〔俗〕〔撮影（サツエイ）で〕ヌードになる。「人気女優が−」

（三省堂）

（６）　ぬ・ぐ【脱ぐ】（他五）①身につけていたものを取り去る。〈例文省略〉②〔俗〕芸能人などが仕事で裸になる。▽自動詞的に使う。　（明鏡）

BCCWJ では，自動詞用法は 100 例中 2 例見られた。

5.2　既存の用法の捉え方の違い

　自他の用法が不一致だった語は，その内訳によって，以下の３パターンに分類できる。

　A.　自動詞優勢の語：開（あ）く，生きる，変わる，答える

　B.　他動詞優勢の語：浴びる，送る，教える，思う，聞く，決める，切る，取る

　C.　自他両用優勢の語：上がる，上げる，返す，頑張る，休む

　優勢とは，３種類あるいは４種類の辞書で用法が一致しているものを

指す。したがって，残りの1ないし2種類の辞書で異なる用法が示されていることになる。以下でA，B，Cについて分析する。その際，5.1節と同様BCCWJでランダムに抽出した100例に基づき，頻度情報について併せて示す。

A. 自動詞優勢の語

① 「開(あ)く」(自動詞3種，自他両用2種)

他動詞の例としては，例文(7)(8)がある。この用法は『明鏡』で〔俗〕と位置付けられ，誤用との指摘があるが，『大辞林』(第三版)『大辞泉』(第二版)では，とくに位相に関する注記はなく，他動詞として認められている。

> (7) あ・く［開く］［一］(自五)〈省略〉［二］(他五)〔自然に〕あける。「口を−・目を−」 (三省堂)

> (8) あ・く【開く・空く・明く】一〔自五〕〈省略〉二〔他五〕［開]〔俗〕口や目を開(あ)ける。「大きく口を−・いてください」(語法)「開く」を他動詞的に使うのは誤用ともいう。 (明鏡)

BCCWJでは，他動詞としての「開く」が100例中3例あり，それらはいずれも「口を開く」であった。

② 「生きる」(自動詞3種，自他両用2種)

他動詞の用法は，日本語記述文法研究会(編)(2009：70)でいう「時間的な経過域」を示すものである。この用法は，自動詞とされることもあるが，『三省堂』『明鏡』では，他動詞とされている。BCCWJで「を生きる」を検索すると，998件ヒットする。上位5件は，「人生」(112)，「時代」(95)，「今」(48)，「世紀」(21)，「世界」(21)となっており，特定の表現への集中が認められる。

> (9) い・きる［生きる・▽活きる］［一］(自上一)〈省略〉［二］(他上一)〔その状況(ジョウキョウ)の中で〕時を送る。生きぬく。「今を−・〔役者が〕役を−」 (三省堂)

> (10) い・きる【生きる】一〔自上一〕①〈省略〉二〔他上一〕《同族目的語などをとって》そのような人生を送る。「幸福な

　　　　人生を-」「悔いのない青春を-」「己(おのれ)の信念を-」(語
　　　　法)英語などの翻訳から出た言い方。　　　　　　　　(明鏡)
　BCCWJから抽出した100例中では，4例が上記の時間的な経過域の
用法であった。
③「答える」(自動詞4種，自他両用1種)
　他動詞の例は，『明鏡』だけにある(例文(11))。BCCWJでは，「～を
答える」が150件，「～に答える」が3505件と，他動詞とされる用法は
自動詞用法の約4%ほどであった。ただし，『明鏡』で自動詞用法に挙
がっている試験問題の指示文で用いるような例(「答えよ」「答えなさ
い」)は，他動詞用法で13件，自動詞用法で46件見られ，全体の用例の
差に比べて，他動詞用法での頻度が相対的に高いことが分かる。

　　　(11)　こた・える【答える】一〔他下一〕相手の質問などに対し
　　　　　　て，言葉を返す。返事をする。「問われるままにありのまま
　　　　　　を-・えた」二〔自下一〕問題を解いて答えを出す。解答す
　　　　　　る。「次の問いに-・えよ」　　　　　　　　　　(明鏡)

　BCCWJから抽出した100例中では，他動詞の例は1例であった。

B. 他動詞優勢の語
①「浴びる」(他動詞4種，自動詞1種)
　この動詞を自動詞としているのは，『新選』だけである。この用法
は，再帰的用法であり，他動詞だが自動詞に近い意味を持つものである
(日本語記述文法研究会(編)2009：295)。類似の動詞としては，「着る」
「履く」「かぶる」などの衣服の着脱を表す他動詞があるが，これらは
『新選』では他動詞となっている。なお，動詞全体の用法の捉え方の違
いなので，BCCWJでの用例調査は行わない。

　　　(12)　あ・びる【浴びる】自上一①湯や水をからだにかぶる。②
　　　　　　(光・ほこりなどを)からだに受ける。③こうむる。受ける。
　　　　　　「悪評を-」　　　　　　　　　　　　　　　　(新選)

②「送る」(他動詞4種，自他両用1種)
　自動詞用法は，前述の「時間的な経過域」の用法である。この用法につ
いて，『明鏡』の品詞解説には，「(ウ)「道を歩く」や「幸福な人生を送

る」など，移動や時間の経過を表す動詞で，対もなく，「〜を」への働きかけも認めにくいものは，自動詞とする。」(p.1887 下段)と記載されている。

> (13)　おく・る【送る】一(他五)〈省略〉二(自五)時を過ごす。また，あるしかたで生活する。「幸福な人生［不安の日々］を−」「学生時代は下宿生活を−・った」　　　　(明鏡)

BCCWJ から抽出した 100 例中では，時間的経過域の用法は，11 例あり，「ひとり暮らし」「生涯」「生活」「人生」「日々」「月日」などの語が前接する。

③「教える」(他動詞 4 種，自他両用 1 種)

自動詞の例は，『三省堂』だけである。他辞書にはなく，他動詞との違いがやや分かりにくい例のように思える。

> (14)　おし・える［教える］ヲシヘル［一］(他下一)〈省略〉［二](自下一)教育を仕事にする。「大学で−」　　　　(三省堂)

BCCWJ では，明確な該当例はなかった。

④「思う」(他動詞 3 種，自他両用 2 種)

『明鏡』に自動詞的とされる用法が挙がっている。『三省堂』は「自他」であるが，どの用法が自動詞であるかが判然としないため，引用しない。

> (15)　おも・う【思う(△想う)】(他五)〈省略〉④《「…と」や「…を」を伴わず，自動詞的に》考えが巡る。「我−，ゆえに我あり」「今にして−・えば僕も若かった」「−・ったより金がかかった」▽頭の中で考えが巡らされたことを示す。場面により，思考，回顧，予想など，さまざまな意に解釈される。　　　　(明鏡)

BCCWJ の例では，100 例中 6 例が自動詞に該当したが，いずれも，「思わず」「思う存分」「思ったより」などの慣用的な用法であった。

⑤「聞く」(他動詞 4 種，自他両用 1 種)

自動詞の例は，『三省堂』のみである。

> (16)　き・く［聞く］［一］(他五)〈省略〉［二］(自他五)〔文〕参

考のため，耳をかたむける。「国民の意見〈に／を〉-〔『を』のほうが積極的〕」　　　　　　　　　　　　　　（三省堂）

　上で挙げられている「意見に聞く」を「国語研日本語 WEB コーパス」（WEB からの約 258 億語を収録したコーパス）で検索すると該当例は以下の 1 例のみ。BCCWJ からの該当例もなかった。

　　（17）　がん治療コンサルトとは，患者さんが一番適切な治療法を選択できるように，専門医の意見に聞くことです。

　　　　　　　　　（http://w3.toen-online.com/asahi/s_advice.html）

⑥「切る」（他動詞 4 種，自他両用 1 種）

　自動詞用法は，『明鏡』のみである。基準を下回る用法は，他辞書では他動詞の扱いである。この用法は，「空間的な経過域」の用法であり，前述「生きる」で取りあげた「時間的な経過域」と同じ範疇に属する（日本語記述文法研究会（編）2009：70）。

　　（18）　き・る【切る（斬る・△伐る）】（動五）一〔他〕〈省略〉二〔自〕ある基準の数値を下回る。割る。「体重が五十キロを-」「百メートル競走で一〇秒を-」　　　　　　　　　　（明鏡）

　BCCWJ から抽出した 100 例中では，1 例が該当した。

C. 自他両用が優勢の語

①「上がる」（自他両用 4 種，自動詞 1 種）

　『岩波』を除いて自他両用である。他動詞用法は，『三省堂』にあるように，尊敬語としての用法である（ただし，『岩波』にも尊敬語の用法自体は掲載されている）。

　　（19）　あが・る【あがる】［一］（自五）〈省略〉［二］（他五）「食べる」「飲む」の尊敬語。「どうぞお上がり下さい」　　（三省堂）

　BCCWJ から抽出した 100 例中では，自動詞 98 例，他動詞 0 例，その他[1] 2 例であった。

②「上げる」（自他両用 4 種，他動詞 1 種）

　自動詞用法は，『明鏡』にあるような潮が満ちる意味での使い方であ

---

[1]　その他は，解析ミスや判定困難な例を指す。以下も同じ。

る。『新選』にもこの用法が記述されているが，他動詞の扱いである。

　　　(20)　あ・げる【上げる】［一］（他下一）〈省略〉［二］（自下一）満
　　　　　ち潮になる。「潮が−」　　　　　　　　　　　　　　（明鏡）

　BCCWJ から抽出した 100 例中では，自動詞 0 例，他動詞 99 例，そ
の他 1 例であり，該当例はなかった。

③「返す」（自他両用 3 種，他動詞 2 種）

　自動詞の用法は『明鏡』にあるような引き返す意味である。

　　　(21)　かえ・す【返す（▽反す）】（動五）［一］（他）〈省略〉［二］
　　　　　（自）もとへ戻る。引き返す。「寄せては−波の音」「もと来た
　　　　　道を−」　　　　　　　　　　　　　　　　　　　（明鏡）

　BCCWJ から抽出した 100 例中では，自動詞 0 例，他動詞 97 例，そ
の他 3 例であり，該当例はなかった。

④「頑張る」（自他両用 4 種，自動詞 1 種）

　『新明解』の「頑張る」の文法欄に「頑張る対象を明示して「勉強を
頑張る」のように他動詞的にも用いられる。」とある。頑張る対象を示
すかどうかが他動詞的用法の判断基準となるだろう。この基準を手がか
りに，BCCWJ から抽出した 100 例を見たところ，「準備を頑張る
（OY15_14672,490)[2]」が該当した。また，助詞がないが，「やりくり頑
張っても（C03_01600,310)」「バイト頑張ります（OY14_18681,2200)」な
ども他動詞の例と考えられるだろう。

⑤「休む」（自他両用 3 種，自動詞 2 種）

　自動詞・他動詞の用法の違いが『岩波』に以下のように説明されてい
る。

　　　(22)　やす−む【休む】（五自他）①働きをやめて安らぐ。㋐休息す
　　　　　る，休養を取る。「少し−・んで，また始めよう」㋑寝床に
　　　　　はいる。「今夜はもう−・もう」②活動を中断する，または
　　　　　中断した状態を呈する。「日曜も−・まず働く」「店が−・ん
　　　　　でいる」。欠席・欠勤する。「会社を−」▽①は自動詞とし

2　括弧内は，サンプル番号と開始位置。

て，②は主に他動詞として使う。　　　　　　　　　　　　（岩波）

　上記の意味的な基準でBCCWJから抽出した100例を見ると，自動詞43例，他動詞49例，その他8例となった。ただし，他動詞で「を」格を伴うものは8例にとどまる。

6．まとめ

　本稿で調査した122語のうち約16%の20語の自他が一致していなかった。複数の辞書を見比べてもそれぞれの方針が違うことからどれに依拠してよいか迷うことになるかもしれない。しかし，コーパスにおける出現頻度の情報からは，自他が不一致とされる動詞は，実際には自動詞か他動詞かのどちらかに大きく偏って使われており，学習者が自動詞か他動詞かについて迷うことはほとんどないと思われる。辞書は特殊な用法も取りあげており，かつ，用法に頻度情報がついていないため，学習者に，やや実態と乖離した情報を与えてしまう可能性がある。辞書とコーパスを併用して，用法の範囲を知り，かつ，その使用頻度を知ることで，効率的な学習につながるものと思われる。なお，今回は書き言葉のコーパスを対象にしたが，話し言葉のコーパスではまた違う結果が導かれるかもしれない。それについては今後の課題としたい。

参照文献

国立国語研究所(西尾寅弥・宮島達夫)(1971)『動詞・形容詞問題語用例集』秀英出版.

田川拓海(2002)「疑似自動詞の派生について——「イチゴが売っている」という表現」『筑波応用言語学研究』9，pp. 15-28.

日本語記述文法研究会(編)(2009)『現代日本語文法2　第3部格と構文　第4部ヴォイス』くろしお出版.

又平恵美子(2001)「「イチゴが売っている」という表現」『筑波日本語研究』6，pp. 93-102.

調査資料

北原保雄(編)(2010)『明鏡国語辞典』第二版，大修館書店(2011.4.1第2刷を使

用).

金田一京助・佐伯梅友・大石初太郎・野村雅昭(編)(2011)『新選国語辞典』第九版,小学館(2011.1.31 第 1 刷を使用).

見坊豪紀・市川孝・飛田良文・山崎誠・飯間浩明・塩田雄大(編)(2014)『三省堂国語辞典』第七版,三省堂(2014.1.10 第 1 刷を使用).

西尾実・岩淵悦太郎・水谷静夫(編)(2011)『岩波国語辞典』第七版新版,岩波書店(2014.1.30 第 14 刷を使用).

日本語学習辞書支援グループ(2015)「日本語教育語彙表 Ver 1.0」
https://jreadability.net/jev/(2017.10 アクセス)

松村明(編)(2006)『大辞林』第三版,三省堂(三省堂ウェブディクショナリーにて「スーパー大辞林 3.0」を使用. 2019.7.29 検索).

松村明(監修)(2012)『大辞泉』第二版,小学館(小学館ジャパンナレッジにて「デジタル大辞泉」を使用, 2019.7.29 検索).

山田忠雄・柴田武・酒井憲二・倉持保男・山田明雄・上野善道・井島正博・笹原宏之(編)(2012)『新明解国語辞典』第七版,三省堂(三省堂ウェブディクショナリーで使用. 2017.10.03 検索).

コーパス

『現代日本語書き言葉均衡コーパス』(BCCWJ)https://pj.ninjal.ac.jp/corpus_center/bccwj/

コロケーションに注目した日中同形動詞の対照研究

――「拡大する」・「広げる」と「拡大」／
「増加する」・「増える」と「増加」を例に ――

建石　始

1.　はじめに

　中国語を母語とする日本語学習者に作文指導を行っていると，次のような誤用に直面することがある。

　　（1）　日本語のレベルを上げるために，見聞を拡大する必要がある。

　　（2）　我々は外国人と交流するチャンスを増加しなければならない。

　（1）は「拡大する」ではなく「広げる」を使ったほうがいいし，（2）は「増加する」ではなく「増やす」を使うべきであろう。このように，漢語動詞と和語動詞の使い分けは上級の学習者にとっても難しい課題である。

　また，「拡大する」や「増加する」は自動詞，他動詞のどちらでも使うことができる[1]し，他動詞の場合，「させる」との違いも問題となる。

　　（3）a.　行動範囲が拡大した。

　　　　 b.　犯人は行動範囲を拡大した。

　　　　 c.　犯人は行動範囲を拡大させた。

　　（4）a.　定員が増加した。

　　　　 b.　大学が定員を増加した。

　　　　 c.　大学が定員を増加させた。

1　以下では，自他両用動詞と呼ぶことにする。

　(3a)(4a)は自動詞用法であるが，(3b)(4b)は同じ形で他動詞用法となっているし，(3c)(4c)は(3b)(4b)と同じ意味を自動詞用法の使役形である「拡大させる」や「増加させる」という形式で表している。それでは，「拡大する」や「増加する」の自動詞用法，他動詞用法，ならびに自動詞用法の使役形である「させる」という形式での使用実態はどのようになっているのだろうか。

　さらに，「拡大する」や「増加する」は中国語でも「扩大」や「增加」という動詞があり，日中同形動詞とされる[2]。日本語の「拡大する」や「増加する」と中国語の「扩大」や「增加」は同じような名詞と結びつくのだろうか。

　以下では，2節で「拡大する」と「増加する」の自動詞用法，他動詞用法，ならびに自動詞用法の使役形である「させる」という形式での使用実態を明らかにする。3節では日本語の「拡大する」と中国語の「扩大」の対照研究，4節では日本語の「増加する」と中国語の「增加」の対照研究を行い，5節がまとめとなる。以上の分析から，「拡大する」や「増加する」の使用実態を明らかにするだけではなく，コロケーションに着目した日中同形動詞の対照研究[3]の一端を示したい。

2.　「拡大する」や「増加する」は自他両用動詞なのか

2.1　「拡大する」の自動詞用法と他動詞用法

　「拡大する」の自動詞用法と他動詞用法の使用実態を探るために，『現代日本語書き言葉均衡コーパス』(BCCWJ)(https://pj.ninjal.ac.jp/corpus_center/bccwj/)を利用した。検索条件であるが，「中納言2.4」の長単位検索を用いて，キーに「品詞」が「名詞」，後方共起1語に

---

[2]　日中同形語に関する研究については，文化庁(1978)，王ほか(2007)，郭ほか(2011)などが存在する。また，小森(2017)に日中同形語の先行研究に関する詳細がわかりやすくまとめられている。
[3]　コーパスやコロケーションに着目した研究については，中俣(2014)，中俣(編)(2017)，山崎(2016)などが存在する。ただし，コロケーションに着目した日中対照研究は王(2015, 2017)を除いてほとんど行われていない。

「語彙素」が「が」／「を」，後方共起2語に「語彙素」が「拡大する」で検索を行った。

　その結果，「名詞＋が＋拡大する」が514件，「名詞＋を＋拡大する」が1,094件となった。また，自動詞用法を使役形にした「名詞＋を＋拡大させる」が108件，他動詞用法を受身形にした「名詞＋が＋拡大される」が108件となった。「名詞＋が＋拡大する」と「名詞＋を＋拡大させる」を自動詞用法，「名詞＋を＋拡大する」と「名詞＋が＋拡大される」を他動詞用法として，以上の内容をまとめると，表1のようになる。

表1　「拡大する」の自動詞用法と他動詞用法[4]

用法名	名詞	助詞	動詞	件数	合計
自動詞	名詞	が	拡大する	514件	622件 (34.1%)
	名詞	を	拡大させる	108件	
他動詞	名詞	が	拡大される	108件	1,202件 (65.9%)
	名詞	を	拡大する	1,094件	

　表1からもわかるように，「拡大する」は自動詞用法が34.1%，他動詞用法が65.9%となっており，他動詞用法のほうが優勢となっている。ただし，「拡大する」の用法はどちらか一方に極端に偏るのではなく，約1対2ぐらいの割合となっていることを押さえておきたい。

　また，(3b)と(3c)で示したように，同じ意味で使用できる他動詞用法の「拡大する」と自動詞用法の使役形の「拡大させる」では，他動詞用法の「拡大する」が10倍以上の頻度で使用されている。「拡大する」の場合，同じ意味を表すのに他動詞用法が使用されやすいということがわかる。

4　森（2014）でも同様の分析が行われている。

2.2 　「増加する」の自動詞用法と他動詞用法

　「増加する」の自動詞用法と他動詞用法の使用実態を探るために，「中納言 2.4」の長単位検索を用いて，キーに「品詞」が「名詞」，後方共起1語に「語彙素」が「が」／「を」，後方共起2語に「語彙素」が「増加する」で検索を行った。その結果，「名詞＋が＋増加する」が 1,796件，「名詞＋を＋増加する」が 80件となった。また，自動詞用法を使役形にした「名詞＋を＋増加させる」が 286件，他動詞用法を受身形にした「名詞＋が＋増加される」が2件となった。「拡大する」と同様に，「名詞＋が＋増加する」と「名詞＋を＋増加させる」を自動詞用法，「名詞＋を＋増加する」と「名詞＋が＋増加される」を他動詞用法として，以上の内容をまとめると，表2のようになる。

表2　「増加する」の自動詞用法と他動詞用法

用法名	名詞	助詞	動詞	件数	合計
自動詞	名詞	が	増加する	1,796件	2,082件 (96.2%)
	名詞	を	増加させる	286件	
他動詞	名詞	が	増加される	2件	82件 (3.8%)
	名詞	を	増加する	80件	

　「拡大する」とは対照的に，「増加する」は自動詞用法が 96.2%，他動詞用法が 3.8% となっており，圧倒的に自動詞用法に偏る結果となっている。

　また，(4b)と(4c)で示したように，同じ意味で使用できる他動詞用法の「増加する」と自動詞用法の使役形の「増加させる」では，自動詞用法の使役形の「増加させる」の割合が高くなっている。「拡大する」とは異なり，「増加する」の場合は同じ意味を表すのに自動詞用法の使役形のほうが使用されやすいということがわかる。

　「拡大する」も「増加する」も自他両用動詞とされることが多いが，その使用実態は大きく異なっていることがわかる。

2.3　まとめ

　本節では，いずれも自他両用動詞とされる「拡大する」と「増加する」の自動詞用法と他動詞用法の使用実態を探った。その結果，「拡大する」は自動詞用法と他動詞用法が約1対2だったのに対して，「増加する」は圧倒的に自動詞用法に偏ることがわかった。また，同じ意味で使用できる他動詞用法と自動詞用法の使役形を比較した場合，「拡大する」は他動詞用法が，「増加する」は自動詞用法の使役形が使用されやすいことが明らかになった。同じ自他両用動詞であっても，それぞれがどのように使用されるかは動詞によって異なる。コーパスを用いて使用実態を探ることによって，実際の授業においても，より実態に即した説明ができるのである。

3.　「拡大する」と「扩大」

　1節でも述べたように，「拡大する」は日中同形動詞であり，中国語にも「扩大」という動詞が存在する。そこで，本節では日本語の「拡大する」と中国語の「扩大」がどのような名詞と結びついているのかを調査する。「拡大する」は自動詞用法と他動詞用法のいずれでも使用されているため，主語になる名詞と目的語になる名詞の両方を分析する。

3.1　主語になる名詞

　まず，日本語の「拡大する」の主語になる名詞から調査する。「拡大する」の主語になる名詞の検索条件について，「中納言2.4」の長単位検索を用いて，キーに「品詞」が「名詞」，後方共起1語に「語彙素」が「が」，後方共起2語に「語彙素」が「拡大する」で検索を行った。その結果，合計622件が見つかった。また，中国語の「扩大」の主語になる名詞の検索条件であるが，「北京大学中国語言学研究中心」から「現代汉语语料库」(http://ccl.pku.edu.cn:8080/ccl_corpus/) を選択し，「扩大」を検索して検索結果をダウンロードした。その結果，合計64,924件が見つかった。そのデータから正規表現とExcelのピボットテーブルを

使って頻度表を作成した[5]。

　日本語の「拡大する」の主語になる名詞と中国語の「扩大」の主語になる名詞をまとめたものが表3である。

表3　日本語の「拡大する」と中国語の「扩大」の主語になる名詞

拡大する			扩大		
順位	名詞	件数	順位	名詞	件数
1	範囲	29	1	范围（範囲）	578
2	差	14	2	规模（規模）	481
2	格差	14	3	面积（面積）	350
4	規模	13	4	差距（格差）	267
5	被害	11	5	比分（得点・スコア）	155
5	需要	11	6	领域（領域・分野）	150
7	輸出	7	7	市场（市場）	99
7	市場	7	8	地区（地区・地域）	80
9	黒字	6	9	能力（能力）	66
9	シェア	6	10	措施（措置・対策）	64
11	消費	5	11	事态（事態）	63
11	ばらつき	5	12	战争（戦争）	59
11	用途	5	13	斗争（闘争・衝突）	58
11	経済規模	5	13	需求（需要）	58
11	利用	5	15	改革（改革）	51

　「拡大する」の主語になる名詞であるが，1位が「範囲」，2位が「差」と「格差」，4位が「規模」，5位が「被害」と「需要」となっている。全体的に，「範囲」「差」「規模」といった程度性が関係する名詞が多く

---

[5]　正規表現やExcelのピボットテーブルを用いた頻度表の作り方については，建石（2018）に詳細が示されている。

出現している。一方，「拡大」の主語になる名詞であるが，1位が「范围(範囲)」，2位が「规模(規模)」，3位が「面积(面積)」，4位が「差距(格差)」，5位が「比分(得点・スコア)」となっていた。

「拡大する」の主語になる名詞と「拡大」の主語になる名詞は，多少の順位の違いはあるものの，上位にくる名詞はほとんど同じものである。主語になる名詞に関しては，中国語の「拡大」を日本語の「拡大する」に訳しても，ほぼ問題がないと言える。

3.2　目的語になる名詞

次に，「拡大する」の目的語になる名詞について分析を進める。「拡大する」の目的語になる名詞の検索条件について，「中納言2.4」の長単位検索を用いて，キーに「品詞」が「名詞」，後方共起1語に「語彙素」が「を」，後方共起2語に「語彙素」が「拡大する」で検索を行った。その結果，合計1,202件が見つかった。また，中国語の「拡大」の目的語になる名詞の検索条件であるが，主語になる名詞と同じデータから正規表現とExcelのピボットテーブルを使って頻度表を作成した。

日本語の「拡大する」の目的語になる名詞と中国語の「拡大」の目的語になる名詞をまとめたものが次ページの表4である。

「拡大する」の目的語になる名詞であるが，1位が「地図」，2位が「規模」，3位が「勢力」，4位が「範囲」，5位が「事業」となっている。1位の「地図」，3位の「勢力」，5位の「事業」などの名詞は重ならないものの，半分ほどの名詞は表3で示した「拡大する」の主語になる名詞と同じものが生じている。

一方，「拡大」の目的語になる名詞であるが，1位が「开放(改革開放)」，2位が「内需(内需)」，3位が「出口(輸出)」，4位が「生产(生産)」，5位が「合作(協力)」となっていた。表3で示した「拡大」の主語になる名詞と比べてみると，「规模(規模)」や「市场(市場)」は重なっているものの，その他はあまり重なりを見せていない。日本語の「拡大する」は主語になる名詞と目的語になる名詞の重なりが多いのに対して，中国語の「拡大」は主語になる名詞と目的語になる名詞が日本語ほど重ならないと言える。

　「拡大する」の主語になる名詞と「拡大」の主語になる名詞については，上位にくる名詞はほとんど同じものであった。それに比べると，「拡大する」の目的語になる名詞と「拡大」の目的語になる名詞はあまり重なりを見せていない。

表4　日本語の「拡大する」と中国語の「拡大」の目的語になる名詞

拡大する			拡大		
順位	名詞	件数	順位	名詞	件数
1	地図	92	1	开放（改革開放）	2,643
2	規模	41	2	内需（内需）	1,145
3	勢力	33	3	出口（輸出）	1,032
4	範囲	32	4	生产（生産）	919
5	事業	21	5	合作（協力）	906
6	対象	20	6	就业（就職）	805
7	シェア	16	7	规模（規模）	560
8	被害	15	8	市场（市場）	526
9	生産	11	9	共识（コンセンサス）	522
10	需要	10	10	投资（投資）	392
10	領域	10	11	影响（影響）	317
12	領土	9	12	战果（戦果）	280
12	市場	9	13	经营（経営）	269
14	幅	8	14	消费（消費）	242
14	可能性	8	15	交流（交流）	230

　なお，（1）で示したように，「拡大する」は「広げる」という和語動詞とのつながりが考えられるが，「広げる」の目的語になる名詞と中国語の「拡大」の目的語になる名詞にも重なりは見られない（表5）。

表5　日本語の「広げる」と中国語の「拡大」の目的語になる名詞

広げる			拡大		
順位	名詞	件数	順位	名詞	件数
1	両手	142	1	开放(改革開放)	2,643
2	幅	113	2	内需(内需)	1,145
3	手	104	3	出口(輸出)	1,032
4	輪	91	4	生产(生産)	919
5	視野	73	5	合作(協力)	906
6	翼	62	6	就业(就職)	805
7	羽根	59	7	规模(規模)	560
8	範囲	42	8	市场(市場)	526
9	両腕	34	9	共识(コンセンサス)	522
10	世界	33	10	投资(投資)	392
11	地図	30	11	影响(影響)	317
12	新聞	29	12	战果(戦果)	280
13	可能性	28	13	经营(経営)	269
14	勢力	27	14	消费(消費)	242
15	枝	26	15	交流(交流)	230

3.3　まとめ

　本節では，日本語の「拡大する」と中国語の「拡大」がどのような名詞と結びついているのかを調査した。その結果，日本語の「拡大する」の主語になる名詞は中国語の「拡大」の主語になる名詞とよく似た傾向を示すのに対して，目的語になる名詞はそれほど重なりを見せないことが明らかになった。このことは言い換えると，「拡大する」の主語になる名詞は中国語の知識がそのまま利用でき，正の転移が期待できるのに対して，目的語になる名詞は中国語の知識をそのままの形で利用してしまうと誤った表現を生み出す(負の転移が生じる)恐れがあるということになる。日本語と中国語のコーパスを用いて，コロケーションを探るこ

とによって，中国語を母語とする日本語学習者の正の転移と負の転移を
予想することも可能となるのである。

4.　「増加する」と「増加」

　4節では日本語の「増加する」と中国語の「増加」のコロケーション
を調査する。なお，2節でも確認したように，「増加する」は自動詞用
法に偏ることから，主語になる名詞のみを調査の対象とする。

4.1　主語になる名詞

　日本語の「増加する」の主語になる名詞の検索条件は，「中納言 2.4」
の長単位検索を用いて，キーに「品詞」が「名詞」，後方共起 1 語に
「語彙素」が「が」，後方共起 2 語に「語彙素」が「増加する」で検索を
行った。その結果，合計 1,796 件見つかった。また，中国語の「増加」
の主語になる名詞の検索条件であるが，「北京大学中国语言学研究中心」
から「现代汉语语料库」を選択し，「増加」を検索して検索結果をダウ
ンロードした。その結果，合計 112,638 件見つかった。そのデータから
正規表現と Excel のピボットテーブルを使って頻度表を作成した。

　日本語の「増加する」と中国語の「増加」の主語になる名詞をまとめ
たものが表 6 である。

　「増加する」の主語になる名詞であるが，1 位が「割合」，2 位が「人
口」と「需要」，4 位が「輸入」，5 位が「者」となっている。全体的
に，「人口」「者」「人」「人々」といった人に関係する名詞や「需要」
「輸入」「生産」などの貿易や経済に関する名詞が多く出現している。一
方，「増加」の主語になる名詞であるが，1 位が「収入(収入)」，2 位が
「人数(人数)」，3 位が「企業(企業)」，4 位が「人口(人口)」，5 位が
「数量(数量)」となっていた。

　日本語の「増加する」の主語になる名詞と中国語の「増加」の主語に
なる名詞を比べてみると，「人口」「需要」「輸出」は重なっており，日
本語の「人」「数」「量」は中国語の「人数」や「数量」と重なっている
と言えなくもない。ただし，中国語で 1 位の「収入(収入)」や 3 位の
「企業(企業)」は上位にきていない。その意味では，日本語の「拡大す

る」と中国語の「拡大」ほど重なっているとは言えないだろう。

表6　日本語の「増加する」と中国語の「増加」の主語になる名詞

増加する			増加		
順位	名詞	件数	順位	名詞	件数
1	割合	73	1	收入(収入)	942
2	人口	29	2	人数(人数)	577
2	需要	29	3	企业(企業)	415
4	輸入	27	4	人口(人口)	388
5	者	16	5	数量(数量)	340
6	物	15	6	需求(需要)	335
7	生産	14	7	产业(財産・資産)	332
7	人	14	8	产量(生産高)	289
9	数	12	9	面积(面積)	268
10	量	11	10	成本(原価・コスト)	242
11	人々	10	10	出口(輸出)	242
11	雇用	10	12	贷款(ローン・融資)	213
11	ケース	10	13	投资(投資)	197
14	輸出	9	14	速度(速度)	187
14	負担	9	15	资产(資産)	124

　それでは，和語動詞の「増える」はどうだろうか(次ページ表7)。
　和語動詞の「増える」の主語になる名詞と中国語の「増加」の主語になる名詞を比べてみると，「企業」「人口」は重なっており，先ほど述べたように日本語の「人」「数」「量」は中国語の「人数(人数)」や「数量(数量)」と重なっていると言えなくもない。また，中国語で1位の「收

入（収入）」は「増える」の 20 位に出てくる[6,7]。その意味では，和語動詞の「増える」のほうが近い関係にあると言えるのではないだろうか。

表 7　日本語の「増える」と中国語の「増加」の主語になる名詞

増える			増加		
順位	名詞	件数	順位	名詞	件数
1	人	355	1	収入（収入）	942
2	数	161	2	人数（人数）	577
3	機会	111	3	企业（企業）	415
4	物	95	4	人口（人口）	388
5	事	82	5	数量（数量）	340
6	量	77	6	需求（需要）	335
7	ケース	71	7	产业（財産・資産）	332
8	体重	65	8	产量（生産高）	289
9	割合	47	9	面积（面積）	268
10	人口	46	10	成本（原価・コスト）	242
11	回数	45	10	出口（輸出）	242
12	時間	44	12	贷款（ローン・融資）	213
13	企業	43	13	投资（投資）	197
14	子供	42	14	速度（速度）	187
15	仕事	36	15	资产（資産）	124

4.2　まとめ

　本節では，日本語の「増加する」と中国語の「増加」がどのような名詞と結びついているのかを調査した。その結果，日本語の「増加する」の主語になる名詞は中国語の「増加」の主語になる名詞とはあまり似ておらず，むしろ和語動詞の「増える」の主語になる名詞のほうが中国語

6　ちなみに，中国語で 1 位の「収入」は「増加する」の主語では 1 件しか見つからなかった。

7　日本語で 8 位の「体重」も中国語では 19 位となっている。

の「増加」の主語になる名詞に近い関係となる可能性があることを指摘
した。漢語動詞だけではなく，和語動詞のコロケーションも視野に入れ
た分析をすることによって，より正確で詳細な日中対照研究を行うこと
が可能となる。

5.　おわりに

　本稿では，まず日中同形自他両用動詞として「拡大する」と「増加す
る」という動詞を取り上げ，それぞれの自動詞用法，他動詞用法，なら
びに自動詞用法の使役形である「させる」という形式での使用実態を明
らかにした。次に，日本語の「拡大する」と中国語の「扩大」のコロ
ケーションを観察した。その結果，日本語の「拡大する」の主語になる
名詞と中国語の「扩大」の主語になる名詞はよく似ているものの，日本
語の「拡大する」の目的語になる名詞と中国語の「扩大」の目的語にな
る名詞はそれらとは異なっていることを提示した。また，日本語の「増
加する」と中国語の「増加」のコロケーションを観察し，中国語の「増
加」の主語になる名詞は日本語では和語動詞の「増える」に近い関係と
なる可能性があることを指摘した。

　今後の課題として，まずは日中同形自他両用動詞に関する分析をさら
に網羅的に進めることが挙げられる。本稿では，日本語の分析に関し
て，「拡大する」と「広げる」，「増加する」と「増える」を取り上げた
が，その他にも「広がる」や「増やす」という動詞を分析しなければな
らない。

　また，他の日中同形語にも分析を進める必要がある。例えば，次ペー
ジの表8をご覧いただきたい。

　「増加する」の反義語である「減少する」も日中同形語であり，中国
語には「減少」という動詞がある。その主語になる名詞は表8の通りで
あり，日本語の「減少する」の主語になる名詞と中国語の「減少」の主
語になる名詞は「人口」「生産(高)」「輸出」「収入」が重なっている。

表 8 日本語の「減少する」と中国語の「減少」の主語になる名詞

減少する			減少		
順位	名詞	件数	順位	名詞	件数
1	人口	31	1	面积（面積）	312
2	割合	28	2	收入（収入）	285
3	数	17	3	人数（人数）	256
4	生産	13	4	人口（人口）	253
5	所得	10	5	损失（損失）	232
6	生産量	9	6	数量（数量）	209
6	輸出	9	7	需求（需要）	148
6	所得税	9	8	产量（生産高）	146
6	売り上げ	9	9	出口（輸出）	135
6	雇用	9	10	耕地（耕地）	130
11	分泌	8	11	投资（投資）	129
11	収入	8	12	措施（措置・対策）	124
11	交通事故	8	13	人员（人員）	113
11	機会	8	14	进口（輸入）	85
15	価値	6	14	水量（水量）	85

　では和語動詞の「減る」はどうだろうか（表9）。

　和語動詞の「減る」と中国語の「減少」の主語になる名詞は「収入」「需要」「人口」が重なっているのみである。日中同形動詞や日中同形語にはさまざまなものがあるが，それらのコロケーションにどのような特徴があるのかを分析することによって，中国語を母語とする日本語学習者の母語の影響や指導方法などが把握できるのである。

表9　日本語の「減る」と中国語の「減少」の主語になる名詞

減る			減少		
順位	名詞	件数	順位	名詞	件数
1	腹	167	1	面积（面積）	312
2	数	95	2	收入（収入）	285
3	体重	70	3	人数（人数）	256
4	量	68	4	人口（人口）	253
5	御腹	52	5	损失（損失）	232
6	人	46	6	数量（数量）	209
7	回数	36	7	需求（需要）	148
8	所得	31	8	产量（生産高）	146
9	機会	26	9	出口（輸出）	135
10	収入	24	10	耕地（耕地）	130
11	時間	22	11	投资（投資）	129
12	需要	18	12	措施（措置・対策）	124
13	人口	17	13	人员（人員）	113
14	御金	15	14	进口（輸入）	85
15	仕事	14	14	水量（水量）	85

参照文献

王永全・小玉新次郎・許昌福（2007）『日中同形異義語辞典』東方書店.

王燦娟（2015）「日中同形語の共起の異同に関する研究 —— 二字漢語名詞と二字漢語サ変他動詞の共起を中心に」『東アジア日本語教育・日本文化研究』18, pp. 291-312.

王燦娟（2017）「日中両言語における共起規則の異同に関する対照研究 —— 日中同形語としてのナ形容詞と名詞の共起表現をめぐって」『東アジア日本語教育・日本文化研究』20, pp. 169-187.

郭明輝・谷内美江子・磯部祐子（2011）『日中同形異義語1500』国際語学社.

小森和子（2017）「日中同形語から見えること —— 似ているようで似ていない同形語の習得の難しさ」『日本語学』36(11), pp. 56-67.

建石始(2018)「第6章 対照言語学的分析」森篤嗣(編)『コーパス演習で学ぶ日本語学 日本語教育への応用』pp.105-127, 朝倉書店.

中俣尚己(2014)『日本語教育のための文法コロケーションハンドブック』くろしお出版.

中俣尚己(編)(2017)『コーパスから始まる例文作り』くろしお出版.

文化庁(1978)『中国語と対応する漢語』大蔵省印刷局.

森篤嗣(2014)「漢語サ変動詞におけるスル‐サセルの置換について」『帝塚山大学現代生活学部紀要』第10号, pp.139-147, 帝塚山大学.

山崎誠(2016)「コーパスが変える日本語の科学 —— 日本語研究はどのように変わるか」『日本語学』35(13), pp.12-17.

中国語を第一言語とする学習者に対する
二字漢語自動詞・他動詞の実践授業

── 経済学部の学部１年生対象の授業において ──

堀　恵子

1.　はじめに

　中国語を第一言語とする日本語学習者(以下,「中国語話者」)にとって,日本語の漢語の習得が必ずしも容易ではないことがこれまでの研究で指摘されている。語の意味に関して,同形同義語(S)[1] の場合は中国語からの正の転移によって習得が容易であるが,意味の一部が重なっているがずれがあるもの(O),同形異義語(D),中国語には存在しないもの(N)の場合には,中国語からの負の転移によって困難があることなどが指摘されている(陳 2003a,加藤 2005)。

　しかし,語の習得は意味の側面だけではない。Nation(1990, 2001)は語彙知識について,語形 form,意味 meaning,使用 use の３つの要素から構成されると定義しており,文法上の機能や連語に関する知識なども必要であると指摘している。二字漢語動詞の場合,意味が同じであっても品詞が異なる場合があり(陳 2003b),それによって習得に影響があることが指摘されている(熊ほか 2017)。さらに,本研究で扱う自動詞・他動詞については,同じ動詞であっても自動詞か他動詞かのずれが語の習得とそれに関連する受動文・使役文の習得の困難につながっていることが指摘されている(馮 1993, 1994,庵 2008, 2010)。

1　文化庁 (1978) の記号による。以下,同じ。

　実験研究と異なり，日々の授業の現場においては種々の言語活動の中で，統制された語だけではなく，いろいろなタイプの漢語に触れなければならない。そこで，本研究は読解教材をインプットとしながら語彙・文法，要約，クリティカル・リーディングに関する発表を扱う総合的な授業において，自動詞・他動詞の指導を試み，その効果について語レベルの知識に焦点を絞って検証する。

　2節では自動詞・他動詞の習得に関する先行研究に触れ，3節では本研究の研究課題を立てる。4節では授業の概要，扱った自動詞・他動詞と指導内容について述べ，5節では授業の効果の検証として，2つのテスト(チェックテストと学期末テスト)の結果と考察を述べる。最後に6節ではまとめと今後の課題について述べる。

2.　自動詞・他動詞の習得に関する先行研究
2.1　語の定義

　「閉まる-閉める」のような同根からなる対のある自動詞・他動詞を「対のある自動詞」「対のある他動詞」と呼び(中石2005)，本研究もこの定義にならうものとする。これには，日本語教育で扱う「入る-入れる」も含む。自動詞は助詞「を」を取らないもの，他動詞は助詞「を」を取るもののうち，「を通る」のような経路を表す動詞以外のものとする。また，寺村(1982：305)に従い，1つの語が自動詞にも他動詞にもなる場合は「両用動詞」とする。

　一方，中国語には活用や助詞がないため，日本語と同形であっても自動詞，他動詞の明確な判断は難しく(木村2004)，両用動詞も多い。さらに中国語の辞書には自動詞・他動詞に関する記述がない。守屋(1995)によると，動詞の後に目的語を従えるものを他動詞(及物動詞)，従えないものを自動詞(不及物動詞)と言う。自動詞は後ろに場所，存在・出現・消失する人や物，数量を従えることができ，したがって他動詞との区別は，動作の及ぶ対象を表す目的語が続くか否かということになる。

2.2　対のある自動詞・他動詞の習得に関する研究

　日本語の対のある自動詞・他動詞に関する研究では，自動詞の使用が

困難であることが指摘されている。守屋(1994)は助詞と語を選ぶ質問紙調査を，小林(1996)は動詞「開く／開ける」と可能形の中から適切な形式を選ぶ多肢選択形式の質問紙調査を，小林・直井(1996)は日本語とスペイン語に関して小林(1996)と同様の多肢選択形式の質問紙調査をそれぞれ行った結果，自動詞の使用が困難であると結論づけている。さらに伊藤(2012)は，他動詞選択問題は学年が進むと正答率が上昇するのに対し，自動詞選択は有意な上昇が見られなかったとしている。その上でフォローアップインタビューを行い，学習者は選択の判断基準として他動詞かどうかを基準とし，他動詞でなければ自動詞であると判断していると指摘している。伊藤がまとめた学習者へのインタビューからは，自動詞を「動作ではない／他人の動作」「自分の意志がない」「主語がモノ／自主性のある主語」などと捉えていることが示されており，学習者の持つ自動詞・他動詞の概念は必ずしも自動詞・他動詞の全体像を捉えているとは言えず，問題があるのではないかと考えられる箇所もある。

　習得順序に関して，小林・直井(1996)は5つの段階を示しており，①語彙の選択，②格助詞の選択，③後接する補助動詞等に正しい活用で接続させること，④意味的に適切な文の生成，⑤日本語として適切な表現の選択，であるとしている。

2.3　二字漢語自動詞・他動詞の習得に関する研究

　2.1節で述べたように，中国語では両用動詞として使用される語が多い。しかしそれに対応する日本語が両用動詞ではない場合，そのまま日本語に直すと非文となる。

　　（1）　経済発展了。（自動詞）　経済が発展した
　　（2）　発展経済。（他動詞）　＊経済を発展する

　馮(1993, 1994)は中国語話者の受動文・使役文の習得を扱ったもので，二字漢語動詞を中心とした研究ではない。しかし，文の自然さを答えさせた刺激文の中に二字漢語動詞が少数含まれており，その回答が日本語話者と大きく異なっている点がある。自然さを「とても自然1」「少し自然2」「どちらとも言えない3」「少し不自然4」「とても不自然5」の5件法で答えさせた結果をまとめたものが表1である。

表1　馮(1993, 1994)による受動文・使役文の自然さの調査結果

(論文年) 問題番号	出題文	日	中 平均
(1993)15	私はその主人公に感動された。	4.63	1.93
(1993)16	私はその主人公に感動した。	1.13	3.23
(1993)31	彼女の温かい心に感動されてしまった。	4.44	1.54
(1994)J7	日中友好関係を発展させるために頑張ろう。	1.01	1.87
(1994)J17	日中友好関係を発展するために頑張ろう。	2.61	1.54

注：「日」は日本語話者，「中」は中国語話者で，日本語学習歴別3レベルの平均を示す

　表1の中で太い枠で囲んだ「感動する」は，日本語話者には受動文は
おおむね不自然と感じられたが，中国語話者には自然であると受け取ら
れた。また，「発展する」は，日本語話者が自動詞としての振る舞いを
自然としているのに対し，中国語話者は自動詞・他動詞両方を自然と判
断しているが，他動詞として自然との判断が上回る(表1では，数値が
小さいほうがより自然との判断であることを示す)。ここから，日中で
自動詞か他動詞かにずれがある場合，学習者の自然さの判断は第一言語
から影響を受けることが示唆される。ただし，調査に使用された語が非
常に少数であるため，より多くの語で調査されることが望まれる。
　庵(2008, 2010)は「サ変動詞＋する／される／させる」から文意に合
うものを選ばせる質問紙調査を初級から超級までの中国語話者に対して
行い，どのレベルから当該語が習得されるかを示している。その中で自
動詞であっても「する」が選ばれず，「される」が選択されたことを指
摘し，「非対格性の罠」として非対格自動詞であることによって説明し
ている[2]。また，他動詞に当たる意味を使役文によって表すことは，どの
レベルにおいても習得されていないと指摘している。
　しかし，庵(2010)の「非対格性の罠」による説明は，和語における非

---

[2] 庵(2010)によると，非対格自動詞とは，自動詞のうち意志形と命令形を取ること
ができないものとしている。また「非対格性の罠」とは，非対格自動詞を受け身にす
る誤用が，初級学習者には少なく，ある程度進んだ段階で現れ，更に進むと現れなく
なる現象であるとしている。

対格自動詞の受動文においても成り立つかを検証していないため，十分な説得力を持っているとは言いがたい。庵自身が中国語コーパスにおける自動詞・他動詞の用例調査を行っているが，その結果を注意深く見ると，上級になっても 30% 以上が「される」を選択した語（「増大する」「分裂する」「進行する」「発展する」「減少する」「拡大する」「感動する」「開通する」）は，中国語では自動詞・他動詞としての用例があることから，両用動詞であることがわかる。そこで，第一言語である中国語の使用領域を目標言語である日本語にそのまま当てはめたと考えるほうが自然である。

　さらに，調査方法について不十分な点がある。下記の文ではどれもが正用とすることが可能であるため，どのような文意であると理解しているかを問わなければ，真に自然さが判断できたとは言えない。

　　（３）　私は太郎に早く帰るように（命令しました　命令されました　命令させました）。　　　　　　　　（庵 2008：59 の問題(10)）

　　（４）　事故のため，高速道路は（閉鎖しました　閉鎖されました　閉鎖させました）。　　　　　　　　（庵 2008：60 の問題(37)）

　　（５）　彼は事件のとき現場にいなかったことを（証明しました　証明されました　証明させました）。（庵 2008：61 の問題(56)）

　また，「する／される／させる」を選択させる問題の解答をそのまま自動詞・他動詞の習得状況を示すものと判断しているが，それについても疑問が残る。文意に沿って述語を選ぶ場合，助詞が手がかりとなることが多いが，馮(1994)の使役文のマーカー選択問題（「に／を」）の調査によると，日本語専攻・長期学習者であっても 8% 程度が誤選択をしている。したがって，助詞を手がかりとして正しく受動文・使役文を選択していたかには疑問が残り，受動文・使役文の選択結果が自動詞・他動詞の習得状況を 100% 反映しているとは言い切れないであろう。そうであるならば，語の属性に関する知識を問う問題と，構文としての知識を問う問題は分けて，直接自動詞・他動詞を判断させる調査が必要なのではないだろうか。

3．本研究の研究課題

　以上から，本研究では学習者の習得と授業の効果に関して，2つの研究課題を立てる。2.2節で述べたように学習者の習得に関して，小林・直井(1996)は5つの習得段階を示し，①語彙の選択，②格助詞の選択としているが，二字漢語動詞の場合は語形に差はないため，助詞「を」が付くかどうかを正しく選択できることが自動詞・他動詞を正しく認識しているかを表す。管見の限り，馮(1993, 1994)，庵(2008, 2010)を除いて二字漢語動詞の習得に関する研究はないため，まず語レベルで自動詞・他動詞の正しい判断ができるか，どのような語の判断が難しいのかに関する知識を問う必要がある。

　和語においては，守屋(1994)，小林(1996)らが自動詞の使用が困難であることを指摘しているが，二字漢語動詞の場合はどうか。それを［研究課題1］とする。検証方法として，受動文・使役文の中で判断させることは，自動詞か他動詞かの判断を直接には反映しない可能性があることから本研究では採用せず，助詞「を」を取るか否かを記入させる。

［研究課題1］二字漢語の自動詞と他動詞の判断は，どちらが難しいか。

　次に［研究課題2］として，自動詞・他動詞に関する授業を行い，その効果を検証する。馮(1993, 1994)，陳(2003a)，加藤(2005)，庵(2008, 2010)から，日中両言語間で二字漢語の自動詞・他動詞にずれがある場合，習得が困難であることが指摘されている。そこで，授業による効果は見られるかを課題とする。授業の内容は，これまで指摘されている習得の問題点を踏まえて，自動詞・他動詞の語レベル，文レベルでの指導に加えて，読解教材の要約，ディスカッションなどを通した運用練習を行う。このような自動詞・他動詞の全体像を視野に入れた指導を通して，表面的な語レベルの暗記ではなく，最終目標である「日本語として適切な表現の選択」(小林・直井1996)につなげられることを目指す。

　検証方法として，自動詞・他動詞に関する学習の始めに行ったチェックテストと学期末テストでの得点を比較する。

［研究課題2］指導によって，二字漢語の自動詞と他動詞の判断は向上
　　　　　　するか。

4．実践授業について

4.1　授業の概要

　授業の概要は下記のとおりである。

- 授業の対象者：経済学部の学部1年生
- 調査対象：受講生のうち，中国語話者の調査協力者20名
- 授業実施期間：2017年4月から7月末
- 授業の目標：世界に展開する日本企業，多国籍企業に関する話題（＝ビジネスケース）を題材とした読解に基づいて語彙・文法練習，要約などの書く活動や，ディスカッションなどの口頭表現活動を行い，日本語の運用能力を育成するとともに，物事を多面的に考える力をつける。
- 教材：『中級から伸ばすビジネスケースで学ぶ日本語』
- 教材に使用される語は旧日本語能力試験2級レベルが中心で，ビジネス用語や経済用語も含まれる。読み物の後に，語彙表として，英語，韓国語，中国語の訳がついている。難しい漢字にはふりがなが振られている。
- 自動詞・他動詞に関する授業：全15回のコースのうち，5回目に導入。その後4回にわたって，授業開始時の15分程度を使い，助詞選択，文作成などの課題を行う（後述）。
- 学期末テスト：授業最終日の1週間後に実施。テストの一部として自動詞・他動詞に関する問題を実施。

　次ページの表2に，各授業での活動と，学ぶ自動詞・他動詞の内容について示した。

表2　コース全体における自動詞・他動詞の実践授業の位置づけ

回	授業活動	自動詞・他動詞に関する内容
1-4	ガイダンス言語表現基礎練習	
5	実践授業1：読解活動	自動詞・他動詞の概念導入，視点と受動文・使役文，自動詞・他動詞と受動文・使役文
6	読解活動	LMS での自動詞・他動詞問題 FB※
7	実践授業2：読解活動	自動詞・他動詞のチェックテスト
8	読解活動	チェックテスト FB
9-11	読解活動	
12	実践授業3	文レベルの助詞の穴埋めタスクと FB
13	実践授業4：期末レポート準備	文完成タスク1と FB
14	実践授業5：期末レポート準備	文完成タスク2と FB
15	期末レポート準備	
	学期末テスト	

※ FB はフィードバックの略。問題の解答を示し，誤りの多かった問題の注意を促した。

4.2　授業で使用した二字漢語動詞

　読解教材に出現する語の中から重要語を取り出して指導に用いた(表3)。日本語の自動詞・他動詞に関しては，『明鏡国語辞典』(初版)の品詞情報を参考にし，自他が併記されている場合『中納言』によって助詞「を」，助詞「が」を条件とした検索を行い，用例が 10 例程度の場合はまれな例と判断して「(他)」のように記した。中国語の自動詞・他動詞に関しては，東洋大学続三義教授の判断によって決定し，『現代漢語詞典』(第 7 版)の用例によって自動詞・他動詞としての使用の有無や日本語と中国語では品詞が異なる語や，中国語には同形語が存在しない語があることを確認した。参考のために旧日本語能力試験の語彙級を付す。

表3　実践授業で用いた二字漢語動詞と対応する中国語

二字漢語よみがな	二字漢語	日本語の自動詞・他動詞	中国語の自動詞・他動詞，品詞	旧 JLPTの級
がいちゅう	外注	他動詞	なし	級外
かいはつ	開発	他動詞	他動詞	1級
かつやく	活躍	自動詞	両用動詞	2級
かんり	管理	他動詞	他動詞	2級

二字漢語 よみがな	二字 漢語	日本語の 自動詞・他動詞	中国語の 自動詞・他動詞，品詞	旧JLPT の級
きかく	企画	他動詞	なし	1級
きょうきゅう	供給	他動詞	他動詞	2級
けっせき	欠席	他動詞	他動詞	2級
けってい	決定	両用動詞	他動詞	2級
げんしょう	減少	自動詞(他)	両用動詞	1級
さくげん	削減	他動詞	他動詞	1級
さべつ	差別	他動詞	名詞	2級
さんせい	賛成	自動詞(他)	他動詞	2級
しっぱい	失敗	自動詞(他)	自動詞	3級
しゅっせき	出席	自動詞	両用動詞	3級
しんしゅつ	進出	自動詞	なし	1級
せいかつ	生活	自動詞	自動詞	3級
せいこう	成功	自動詞	自動詞	2級
せいぞう	製造	他動詞	他動詞	2級
せいちょう	成長	自動詞	自動詞	2級
せっとく	説得	他動詞	なし	1級
ぞうか	増加	自動詞(他)	両用動詞	2級
たいけん	体験	他動詞	他動詞	1級
たっせい	達成	他動詞	他動詞	1級
ちょうせん	挑戦	自動詞	両用動詞	1級
ていきょう	提供	他動詞	他動詞	1級
どうにゅう	導入	他動詞	他動詞	1級
はってん	発展	自動詞	両用動詞	2級
はつばい	発売	他動詞	なし	2級
はっぴょう	発表	他動詞	他動詞	2級
はんたい	反対	自動詞(他)	両用動詞	3級
はんだん	判断	他動詞	他動詞	2級
はんばい	販売	他動詞	他動詞	2級
ふたん	負担	他動詞	他動詞	2級
ほうそう	放送	他動詞	なし	3級
ほんやく	翻訳	他動詞	他動詞	3級
りゅうつう	流通	自動詞	両用動詞	1級
りよう	利用	他動詞	他動詞	3級

4.3　実践授業の内容

実践授業1　導入（コース5回目に実施）

①自動詞・他動詞の概念の導入：自動詞と他動詞の全体的な概念を導入する。

　この授業の狙いは，自動詞・他動詞に関する全体的な概念を理解させ，自動詞か他動詞かの判断ができるようにさせることである。学習者は自身の学習経験から，他動詞でないものを自動詞と判断するという独自の認識を持っていることが指摘されており（伊藤2012），自動詞であることの判断力に欠けると考えられる。そこで，学習者独自の間違った認識ではなく，自動詞か他動詞かに関する正しい判断基準を身につけさせることを狙いとした。下記に資料1として，授業での配付物を示す（以下，「資料」として配付資料の一部を掲載する）。

1．自動他動詞

1.1　自動詞と他動詞

●自動詞

他のものに作用しないで，人や物が動作したり，変化したりする。

　a. 人が走る。人が死ぬ。子どもが大人になる。ビルが建つ。空が赤くなる。

●他動詞

人が物に作用し，変化させる。

（日本語は，人を中心として表現する言語である。従って，【人が物を〜する】と表すのが基本である。論理的な文章，改まった書き言葉では，【物が〜を〜する】もよく使われる）

　b. 人が食べ物を食べる。人がビルを建てる。

資料1　自動詞・他動詞の概念の導入

②視点と受動文・使役文：読解教材を読ませ，視点を揃えるために受動文・使役文が使用されることを理解させる。

　経済学部の学生であることから，経済の話題を題材とした。資料2として，授業での配付物を示す。

1.2　話題＝視点

次の文章を読み，文の話題が何であるか考えなさい。
①私たち多くの国民は，企業などで働いて給料を受け取っている。労働力を提供することで，(中略)レジャーや教育などに支出する消費活動を行っている。消費せずに残った部分は貯蓄となり，(中略)このような経済活動を行う経済主体を家計と呼ぶ。

(『入門・日本経済』より3)

①**前半の話題を示すことばは，**私たち多くの国民は，
　後半の話題を示すことばは，消費せずに残った部分は，
● 話題＝視点をそろえる

○○は，という話題は，文を超えて，話題として働く。
それぞれの話題のことばの動作に下線を引きなさい
(中略)

⇒○○は，で始まる話題のことばは，文を超えて，話題として働く。その間，同じ視点で述べられ，必要に応じて自動詞／他動詞，受け身／使役を使う。

資料2　視点と受動文・使役文の導入

③自動詞・他動詞と受動文・使役文：対のある自動詞・他動詞はそれらを使用するが，対のない自動詞・他動詞の場合は受動文・使役文を使用することの確認と語の練習を行う。

　自動詞・他動詞の練習として，「上がる－上げる」のような和語と，「差別する」「開発する」「発展する」のような二字漢語動詞を用いた。次ページの資料3は，その授業での配付物である。

3　浅子和美・飯塚信夫・篠原総一（編）(2015)『入門・日本経済』(第5版) 有斐閣

1.3　受け身と使役

{ c. ドアが開く　自動詞
{ d. 人がドアを開ける　他動詞

|開く・開ける|のように自動詞・他動詞のペアがある動詞は，実は少ない。そこで，自動詞がない場合は他動詞を受け身にして代用する。

自動詞	他動詞
ドアが開く	（動作する人）がドアを開ける
犯人が捕(つか)まる	（動作する人）が犯人を捕(つか)まえる
犯人が　×　→　逮捕(たいほ)される	（動作する人）が犯人を逮捕(たいほ)する
技術が向上する	（動作する人）が技術を×　→向上させる

問い　下の動詞が自動詞か他動詞かを考えて正しい形にしなさい。（　）には漢字のよみがなを書くこと。太字は授業中に。細字は小テストで。

	自動詞		他動詞	
例　上げる	値段が上がる	（　あがる　）	値段を上げる	（　あげる　）
下げる	温度が	（　　　　）	温度を	（　　　　）
下ろす	荷物が	（　　　　）	荷物を	（　　　　）
		（中略）		
差別する	女性が	（　　　　）	女性を	
開発する	駅前が	（　　　　）	駅前を	

資料3　自動詞・他動詞と受動文・使役文の関係，語の練習

④自動詞・他動詞と受動文・使役文の選択：自動詞と受動文の両方が使用できる場合のニュアンスの違いを考えさせる。

　自動詞・他動詞の対の補完としてだけでなく，両方が使用できるときのニュアンスの違いにまで言及しなければ，日本語としての適切な表現の選択(小林・直井1996)には至らない。そこで，まず資料4を示し，自動詞と受け身の場合のニュアンスの違いを考えさせた。

同じ内容を自動詞と受け身とで表すことができる。しかし，受け身の場合は
動作をした人がいることが暗に意味されるが，自動詞の場合はそうではない。
e. ガソリン代が上がった。（値段を上げた「だれか」を暗に意味していない。）
f. ガソリン代が値上げされた。（値上げした「だれか」を暗に意味している）

資料4　自動詞と受動文に関する説明

　その後，資料5を示し，自動詞文，他動詞文，使役文の3つの文の
ニュアンスの違いをグループで話し合わせた。3文を比較することで，
自発性，強制性を表現したい場合にどの文型がふさわしいかを確認させ
ることを狙った。

g. リサさんの部屋に田中君が入った。
h. リサさんは部屋に田中君を入れた。
i. リサさんは部屋に田中君を入らせた。

資料5　自動詞文，他動詞文，使役文の例

　その後，読解教材で確認した。

実践授業2　自動詞・他動詞のチェックテスト（コース7回目に実施）
　「研究課題1　二字漢語の自動詞・他動詞の判断は，どちらが難し
か」に関して，4.2節の表3に示した語のうち，33語を用いて調査を
行った。また，これを研究課題2の事前テストとし，「チェックテスト」
と呼ぶ。実験研究としては本来は導入授業の前に行うべきであるが，学
習者にとって出題意図が理解できない調査は授業の一環としてふさわし
くないと判断し，実践授業の2回目に行った。調査用紙の形式は下記の
とおりである。

語の問題　　　　　　　ID＿＿＿＿＿　名前＿＿＿＿＿＿＿＿＿

例のように，「〜を」が前につく語は（　　）に「＋」を，「〜を」が前につかない語は（　　）に「－」を書きなさい。

例)（－）起きる　　←「〜を起きる」にはならない。
　　（＋）取る　　　←「〜を取る」になる。

①（　　　　）発表する　　⑲（　　　　）体験する
②（　　　　）企画する　　⑳（　　　　）説得する
③（　　　　）活躍する　　㉑（　　　　）製造する

資料6　チェックテスト調査

翌週に正答を示し，フィードバックを行った。

実践授業3　文レベルの助詞の穴埋めタスクとフィードバック（コース12回目に実施）

　実践授業3回目からは，授業開始時に15分程度を使用して，文中で助詞を入れさせる文レベルの産出タスクとフィードバックを行った。下記の資料7はその授業時の配付物である。

語の問題　　　　　　　ID＿＿＿＿＿　名前＿＿＿＿＿＿＿＿＿

例のように，（　　）に当てはまる助詞を書きなさい。

例)あさ7時(に)起きる。
　　すみません。写真(を)取ってください。

①国民は必ず税金(　　　)負担しなければならない。
②住民は，高層アパートの建設(　　　)反対している。
③海岸沿いの都市(　　　)発展してきた。

資料7　助詞の穴埋め問題

実践授業4　　文完成タスク1とフィードバック（コース13回目に実施）
　　示された動詞に合うように，文を完成させ，その後ペアで自然な文かどうか話し合わせた。回収した記入用紙から注意すべきところを数点取り上げ，翌週にフィードバックを行った。資料8はその授業で用いたものである。

語の問題　　　　　　　　ID＿＿＿＿＿＿　名前＿＿＿＿＿＿＿＿＿＿

例のように，文を完成しなさい。

例）私は毎日，公園を散歩して，花々の写真を撮る。

①＿＿＿＿＿＿＿＿＿＿＿＿＿＿＿＿＿＿＿＿＿出席しなければならない。
②先週＿＿＿＿＿＿＿＿＿＿＿＿＿＿＿＿＿＿＿＿＿欠席した。
③＿＿＿＿＿＿＿＿＿＿＿＿＿＿＿＿＿＿＿＿反対している。

資料8　文完成タスク1

実践授業5　　文完成タスク2とフィードバック（コース14回目に実施）
　　実践授業4と同様に文完成タスクをさせた。語は，実践授業4で扱えなかった語を選んだ。また，翌週フィードバックを行った。

　　以上，5回の実践授業を通して使用した語のリストと使用回数を表4に示す。

表4　授業で用いた主な二字漢語動詞と回数

語	回数	語	回数	語	回数
減少	5	外注	4	反対	4
差別	5	出席	4	負担	4
増加	5	進出	4	放送	4
発展	5	挑戦	4	流通	4

5．結果と考察

　4節で述べた実践授業の中で，2つの研究課題を検証した。以下に順に結果と考察を述べる。

5.1　研究課題1の結果

　研究課題1は下記のとおりであった。

［研究課題1］二字漢語の自動詞と他動詞の判断は，どちらが難しいか。

　自動詞・他動詞と両用動詞の正答率を図1に示す（グラフ左の項目群が自動詞，右の項目群が他動詞，両用動詞の「決定する」は両群に含めない）。自動詞群と他動詞群の正答率に関して t 検定の結果，2群には有意な差が見られた（$t(19) = -2.56, p<.05$）。したがって，自動詞・他動詞全体として見ると，自動詞のほうが正答率が低いという結果となった。

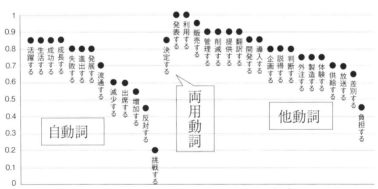

図1　チェックテストにおける動詞の正答率

5.2　研究課題1の考察

　5.1節に示すとおり，二字漢語の自動詞・他動詞に関する判断は，自動詞であると判断することのほうが難しいという結果となった。これは対のある自動詞・他動詞に関する先行研究（守屋 1994，小林 1996，小林・直井 1996，伊藤 2012）と同じであり，和語，漢語にかかわらず自動詞のほうが習得が難しいことを示唆している。

　ただし，図1からわかるように，同じ自動詞・他動詞の中でも語によって正答率に大きな違いがある。前述のように，先行研究では日中同形語であっても自動詞・他動詞に違いがある場合，習得に影響があることが指摘されている（馮 1993, 1994，庵 2008, 2010）。そこで，チェックテストで扱った動詞のうち両用動詞の「決定する」を除いた 32 の動詞について，自動詞か他動詞かと日本語と中国語との間にずれがあるか否かをまとめたのが表5である。表中，「日中の差なし」とは，日中間で自動詞・他動詞が一致している場合，「日中の差あり」とは，日中間で自動詞・他動詞・両用動詞が異なるか，あるいは品詞に違いがある場合と，中国語に同形語がない場合を指す。

表5　チェックテストで取り上げた二字漢語動詞の自他と日中の違い

	自動詞	他動詞	合計
日中の差なし	4	14	18
日中の差あり	9	5	14
合計	13	19	32

　研究課題1では自動詞と他動詞の判断のみを取り上げているが，先行研究によって指摘されている日中の差による正答率の違いを検証したところ，t 検定の結果，2 群には有意な差が見られた（$t(19) = -3.82, p<.05$）。したがって，日中の差があるほうが正答率が有意に低いことが明らかになった。しかしながら，表5に示すとおり各セルの語数には大きな偏りがあり，最小セルは 4 語と少ないことから，2 要因分散分析は行わず，以下では習得が困難となる要因について記述統計量のみで検討する。

　次ページの表6は，日中に差がある語を自動詞・他動詞別に正答率の低い順に並べている。表が示すとおり，日中に差がある自動詞の正答率は低く，0.8 以上は 3 語のみである[4]。一方，他動詞は総数が 5 語であるが，全体的に 0.65 以上で，そのうち 2 語が 0.8 以上である。そこで，日

───────────

[4]　庵（2008, 2010）では，80% 以上の正答率がある動詞を「習得された」と見なしている。

中に差がある動詞は，自動詞か他動詞かの判断が相対的に困難であるが，そのうち自動詞のほうがより困難であると言える。

表6　チェックテストで取り上げた日中の差がある動詞の正答率

自動詞	正答率	他動詞	正答率
挑戦する	0.2	差別する	0.65
反対する	0.45	放送する	0.7
増加する	0.55	外注する	0.75
減少する	0.6	企画する	0.8
出席する	0.6	説得する	0.8
流通する	0.7		
進出する	0.8		
発展する	0.8		
活躍する	0.85		

　表6の自動詞のうち，「進出する」以外は，中国語では両用動詞である。学習者にとっては，日中同形同義語で両用動詞であるため，日本語においても同様に使用できると考えてしまうことが誤りにつながる場合もあると推測される。また，「進出する」は同形の中国語は存在しない。他動詞のうち最も正答率の低い「差別する」は中国語では名詞のみで，動詞はない。また，「放送する」「外注する」「企画する」「説得する」は中国語には存在しない語である。

　しかし，これまでの習得研究が示すように，言語間の差異が直ちに誤りを引き起こすものでもなく，表6の動詞のように同じ条件下でも語によって正答率には大きな開きがある。語自体の難しさや使用頻度など正答率に影響を及ぼす要因については，今後さらなる研究が必要である。

　これまでの自動詞・他動詞の習得に関する研究では，自動詞・他動詞の選択についての問題点か，第一言語の転移かという2つの点から論じられてきた。管見の限り2つの問題の相互作用を計量的に分析した研究は見当たらない。本研究では実践授業として教材に出てくる二字漢語動

詞を取り上げているため，計量的分析には不向きであり，行っていない。今後は実験的な研究によって，2点の関連を解明することが必要であろう。

5.3　研究課題2の結果

　ここでは研究課題2について検証方法と結果を述べる。研究課題2は下記のとおりであった。

[研究課題2]　指導によって，二字漢語の自動詞と他動詞の判断は向上
**　　　　　　　するか。**

1)検証方法

　学期末テストの一環として，自動詞文・他動詞文の助詞の穴埋め問題を課した。実験研究であれば，事前テストと同じ項目，形式で実施することが望ましいが，テスト全体の項目数，実施時間を考慮して，12の動詞についてのみ検証項目とした。また，「＋を」「−を」を記入させる課題ではなく，助詞の穴埋め問題としたが，「を」を選択したかどうかに読み替えて事前テストと比較する。下記の資料9にテストの一部を示す。

<問題5>　例のように，(　　)に当てはまる助詞を書きなさい。「は」「も」
は使わないこと。　　　　　　　　　　　　　　　　　　（1×15＝15）

例)あさ7時 (に)起きる。

①明日の会議(　　)必ず出席しなければならない。
②市民は，高い水道代(　　)負担している。
③この10年間で沿岸の都市(　　)発展した。
④出身や民族によって人(　　)差別してはいけない。

資料9　学期末テスト

2)結果

　チェックテストと学期末テストに共通する12項目について比較した結果を次ページの表7に示す。t 検定の結果，2群には有意な差が見られた（$t(19) = -4.9, p<.000$）。したがって，全体として自動詞・他動詞の

形式の選択については，授業の効果があることが示唆された。

表7　チェックテストと学期末テストの結果の比較

	平均値	協力者数	標準偏差
チェックテスト	7.25	20	1.97
学期末テスト	10.10	20	1.65

　次に，語ごとの正答率の変化を図2に示す。t検定の結果，2つのテストの差が有意であった語は図左から，差が大きい順に「負担する」「挑戦する」「増加する」「反対する」「減少する」「出席する」の6語であった(図中，□で囲んだ語)。「差別する」「外注する」「進出する」「放送する」は正答率は上昇したが有意な差はなく，「発展する」は正答率は同じで，「流通する」は下がった(有意な差は見られなかった)。

　したがって，自動詞・他動詞全体としては正答率は有意に上昇したが，個別に見るとそうではない語があった。5.4節ではその理由を考察する。

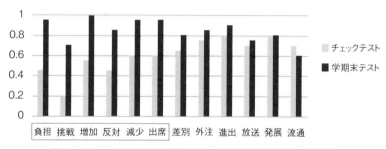

図2　チェックテストと学期末テストにおける動詞の正答率

5.4　研究課題2の考察

1)授業全体に関して

　5.3節で見たように，全体的に見て有意な正答率の上昇が見られたことから，自動詞・他動詞に焦点を当てた授業の効果があったと考えられ

る。

　その理由として，読解教材としたビジネスケースに関する記事の中から選んだ語を扱ったため，全体的に見ると学習者にとって十分意味を理解していた上に，必要な語であると感じられたためだろう。

　また，一連の読解活動として，読んでテキストの問題を解くだけでなく，内容についてグループで話し合ったり，要約を書いたりという産出活動を行った。自動詞・他動詞という文法面の指導が重なって，文法的に正しく産出するという体験が繰り返され，定着が見られたのではないだろうか。

2) チェックテストと学期末テストに共通する語について

　チェックテストと学期末テストの間で，有意な正答率の上昇が見られた6語と見られなかった6語の違いについて考察する。

　有意な正答率の上昇が見られた6語は，チェックテストの結果，他動詞のうち最も正答率の低かった「負担する」と，同じく自動詞のうち最も正答率の低かった5語「挑戦する」「増加する」「反対する」「減少する」「出席する」である。これらの語の正答率が有意に上昇したことについては，実践授業の結果，自動詞・他動詞全体に対する意識が高まり，授業の説明やタスクを通して自動詞か他動詞かという認識が高まったため，有意な差が見られることになったと考えられる。

　次に，有意な正答率の上昇が見られなかった6語「差別する」「外注する」「進出する」「放送する」「発展する」「流通する」は，表6に示すとおりすべて日中の差がある語群であるが，自動詞と他動詞が半数であり，自動詞か他動詞かによる差は見られない。そこで考えられる要因は正答率が0.6以上であるという点である。統計上有意な差が出るためには，2つのテストの得点差が大きくなければならないが，これらの6語はチェックテストの正答率が0.6以上と高かったため，統計上有意な差が見られなかったと考えられる。

　本研究で扱った教材に取り上げられている語は，表3に挙げたように37語と多く，それ以外にも和語の自動詞・他動詞を用いて概念の説明を行ったり，語彙リストに記入させたりしており，学習者にとっては自

動詞・他動詞の学習自体が負担の大きい項目であったことが考えられる。そのため，チェックリストの正答率が 0.6 以上のある程度やさしい項目は，それ以上の伸びが見られなかった可能性がある。この点については，今後学習者に対してフォローアップインタビューを行うことなどによって明らかにし，指導方法の改善につなげたい。

6.　まとめと今後の課題

　本研究では，読解教材をインプットとして総合的な日本語の運用能力を育成することを目指した授業において，教材の中に見られた二字漢語の自動詞・他動詞に注目し，指導を行い，効果を検証した。

[研究課題 1] 二字漢語の自動詞と他動詞の判断は，どちらが難しいか。

　学習者に対して「－を」か「＋を」かを答えさせる調査において，自動詞のほうが有意に正答率が低かったことから，自動詞であることの判断のほうが難しいと言える。これは対のある自動詞・他動詞に関する先行研究と同じであり，和語，漢語にかかわらず自動詞のほうが習得が難しいことを示唆している。

　一方で，先行研究が指摘している日中同形語における自動詞・他動詞や品詞のずれなど日中で差がある語の習得についても考察において言及した。全体的に見ると日中の差がある語群は差がない語群に比べて相対的に正答率が低かったが，語によって正答率には開きが見られた。また言語間の差異が直ちに誤りにつながるとは言えないことから，今後は実験研究を行い，自動詞・他動詞の判断と日中の差による第一言語の影響を計量的分析によって検証することが課題である。

[研究課題 2] 指導によって，二字漢語の自動詞と他動詞の判断は向上するか。

　語レベルでの自動詞・他動詞の選択に関する検証結果からは，授業によって全体的に正答率が上昇することが明らかになったが，語ごとに見ると有意な差が見られないものもあった。

　全体的に正答率が上がった理由について，導入の回で自動詞・他動詞にまつわる語彙レベル，文レベル，ヴォイスレベルでの解説と練習問題を行い，その後助詞選択タスク，文完成タスクを行ったことで，繰り返し語に触れ，またフィードバックを与えられたことで，自動詞・他動詞に関する認識が強化され，語の習得が進んだと考えられる。

　本研究では，文法だけを教える授業ではなく，総合的な内容の授業において，読解，要約，ディスカッションといった言語活動を行いながら文法にも目を向けるフォーカス・オン・フォーム（Long 1991）として自動詞・他動詞を扱った。そのため，経済学部の学生にふさわしい読解教材の中にはビジネス用語，経済用語であり，一般的ではない語が含まれていた。検証に用いた「流通する」「外注する」などはその典型である。自動詞・他動詞全体としては効果が見られたことから，文脈とともに理解し，繰り返し触れ，使用することで習得が促進されると期待できる。

　一方，正答率が有意に上昇しなかった語は，事前テストのチェックリストの段階ですでに正答率が0.6を超えており，自動詞・他動詞という負担が大きい学習項目において，それ以上の学習者への習得が広がらなかった可能性がある。ただし，本研究の範囲内ではこれらの要因は推測段階であり，今後さらなる検証が必要である。

　今回扱うことができなかった文レベル，ヴォイス選択については，今後さらに実践研究と検証が必要である。小林・直井（1996）の習得の5段階で言うと，④意味的に適切な文の生成，⑤日本語として適切な表現の選択である。授業の中での指導としては，読解教材の要約文作成タスクや，内容に関するディスカッションでの発言において，視点の統一とそのためのヴォイス選択に注目させる，などが考えられる。これらは今後の課題としたい。

付記
中国語の自動詞・他動詞の判定において東洋大学続三義教授にご協力をいただいた。ここに記して感謝申し上げます。

参照文献

庵功雄(2008)「漢語サ変動詞の自他に関する一考察」『一橋大学留学生センター紀要』11，pp. 47-63.

庵功雄(2010)「中国語話者の漢語サ変動詞の習得に関わる一要因 —— 非対格自動詞の場合を中心に」『日本語教育』146，pp. 174-181.

伊藤秀明(2012)「相対自動詞・他動詞選択判断の要因 —— 中国人大学生の場合」『国際交流基金日本語教育紀要』8，pp. 7-21.

加藤稔人(2005)「中国語母語話者による日本語の漢語習得 —— 他言語話者との習得過程の違い」『日本語教育』125，pp. 96-105.

北原保雄(編)(2002)『明鏡国語辞典』(初版)大修館書店.

木村裕章(2004)「中国語における自動詞と他動詞の分類について」『東亜大学紀要』3，pp. 37-51.

小林典子(1996)「相対自動詞による結果・状態の表現 —— 日本語学習者の習得状況」『文芸言語研究 言語篇』29，pp. 41-56.

小林典子・直井恵理子(1996)「相対自・他動詞の習得は可能か —— スペイン語話者の場合」『筑波大学留学生センター日本語教育論集』11，pp. 83-98.

熊可欣・玉岡賀津雄・早川杏子(2017)「中国人日本語学習者の日中同形同義語の品詞性の習得 —— 語彙知識・文法知識との因果関係」『第二言語としての日本語の習得研究』20，pp. 63-79.

中国社会科学院語言研究所詞典編輯室(2016)『現代漢語詞典』(第7版)，商務印書館.

陳毓敏(2003a)「中国語を母語とする日本語学習者の漢語習得について —— 同義語・類義語・異義語・脱落語の4タイプからの検討」『2003年日本語教育学会秋季大会予稿集』pp. 174-179.

陳毓敏(2003b)「中国語を母語とする日本語学習者における漢語習得研究の概観 —— 意味と用法を中心に」『言語文化と日本語教育　増刊特集号，第二言語習得・教育の研究最前線2003』pp. 96-113.

筒井通雄(監修)・高見智子(著)(2013)『中級から伸ばすビジネスケースで学ぶ日本語』The Japan Times.

寺村秀夫(1982)『日本語のシンタクスと意味I』くろしお出版.

中石ゆうこ(2005)「対のある自動詞・他動詞の第二言語習得研究 ——「つく-つける」，「きまる-きめる」，「かわる-かえる」の使用状況をもとに」『日本語教育』124，pp. 23-32.

馮富栄(1993)「日本語受動文の学習過程における母語 —— 中国語の影響について」『教育心理学研究』41(4)，pp. 388-398.

馮富栄(1994)「日本語使役文の学習過程における母語(中国語)の影響について」
　　『教育心理学研究』42(3)，pp. 324-333.
文化庁(1978)『中国語と対応する漢語』大蔵省印刷局.
守屋宏則(1995)『やさしくくわしい中国語文法の基礎』東方書店.
守屋三千代(1994)「日本語の自動詞・他動詞の選択条件 —— 習得状況の分析を参
　　考に」『講座日本語教育』第29分冊，pp. 151-165，早稲田大学日本語研究
　　教育センター.
Long, M. H. (1991)Focus on form: A design feature in language teaching
　　methodology. In K. de Bot, Ginsberg, R. P. & C. Kramsch(Eds.), *Foreign
　　Language Research in Cross-Cultural Perspective, 2*(1), pp. 39-52.
　　Amsterdam: John Benjamins.
Nation, I. S. P. (1990)*Teaching and Learning Vocabulary*. Boston, Mass: Heinle
　　& Heinle.
Nation, I. S. P. (2001)*Learning Vocabulary in Another Language*. Cambridge,
　　UK: Cambridge University Press.

無対他動詞の受身と自動詞

── いくつかの動詞の語義と受身の関係 ──

江田すみれ

1. はじめに

日本語の自他動詞については数多くの研究が重ねられてきている。中石(2002)は，対のある自他動詞では，話者が「働きかけ」に着目した場合は他動詞，「変化」あるいは「受け手」に注目した場合は自動詞を用いる，として，以下の例をあげている。

（1）a. 「働きかけ」に注目する→他動詞

ちょっと 落とした くらいで，データは消えない。

c. 「変化」に注目する→自動詞

もう，受付 終わりました よ。

（中石 2002：386　枠線も中石　abc の ac のみ引用）

庵(2012)は「受動化は他動詞を自動詞的にする操作」ともいえ，「自動詞文と他動詞の受動文は密接な関係がある」と述べている。

（2）a. ドアが 開いていた。（自動詞）

b. ドアが 開けられていた。（他動詞の受動文）

（庵 2012：136-137）

そして，他動詞しかない動詞で変化あるいは結果を述べる場合には，以下のように受身を用いて表現することになる。

（3）　委員会が 行われた。　　　　　　　　　　　　　　（作例）

しかし，他動詞はどの動詞でも受身にするだけで自動詞的に使えるわ

けではない。寺村（1982）は「見る」について以下の例文をあげ，

（4）　彼ラハソノ日遂ニパリノ灯ヲ見タ。

×（5）　ソノ日遂ニパリノ灯ハ彼ラ　ニ／ヨッテ／カラ　見ラレタ。

（例文，正誤判断　寺村 1982：216）

（5）は不適当と述べている。では，他動詞はどのような条件があれば受身で自動詞として使えるのだろうか。

　本稿は受身の許容度と多義語の動詞の語義とに関係があるだろうという仮説のもとに，無対他動詞のどのような語義が受身になってどのように自動詞として用いられるかを考察した。例えば「持つ」を例にとれば，次のような例文が見られる（以後，参照文献からの引用と作成以外の例文は『現代日本語書き言葉均衡コーパス』（BCCWJ）からとったものである）。

×（6）　かばんは道子に持たれている。　　　　　　　　　（作例）

（7）　会議は，特別な議題がない限りは，四半期または半年に一度の会合がもたれている。

（中村裕昭『金融機関コンプライアンスハンドブック』）

（6）は不適当だが，（7）は問題がない。無対他動詞では，多義語のどの語義が受身として使われるのだろうか。

　また，「見る」についていえば，（5）は正しくないが，（8）は問題がない。

（8）　千歯扱きが広く流通してくるのは，十九世紀になってからとみられる。　　　　　　（佐々木長生『ふくしまの農具』）

（8）の中で「みられる」は「～と推測される」のような意味になっている。受身にした場合，意味が変化する動詞があるのだろうか。

　本稿は無対他動詞を受身にして自動詞的に用いる時，

1）多義的な動詞のどのような語義が受身で用いられるか。

2）受身で使われた場合，どのような意味になるか。

3）受身になった場合，辞書に書かれた語義から離れた使い方をする語はどの程度あるか。

という3点について，いくつかの動詞を調査した結果をまとめたもので

ある。

　2節で先行研究，3節で調査方法，4節で今回の対象語の概観，5節で受身にした場合，使用語義に偏りがある語，6節で使用語義に偏りがない語，7節で能動文と受身での使用語義の偏りの分布，8節でまとめを述べる。

2.　先行研究と本稿の考え方

2.1　自動詞・他動詞

　先行研究の記述では，受身・受け身・受動文など，著者により語や表記が異なるが本稿では「受身」という語・表記を使用する。

　奥津(1967)は自他の対応があるということについて，自動詞は目的語をとらず，他動詞は目的語をとる，という違い(p.59)以外，二つの動詞について，全ての文法的，意義的特徴を共有していることである，と述べている(p.60)。

　早津(1987)は「自動詞と他動詞との間に形態的・意義的・統語的な対応が成り立つ場合」(p.80)自他対応があると定義し，対応する自動詞がない他動詞を無対他動詞，対応する他動詞がない自動詞を無対自動詞とした(p.82)。

　本稿はこの無対他動詞を分析する。

2.2　受身

　日本語記述文法研究会(以後文法研)(編)(2009)は受身を直接受身・間接受身・持ち主の受身と3分類している。

　直接受身文とは「対応する能動文の補語の表す人や物を主語として表現する受身文」で「対応する能動文の補語を前景化するものと，対応する能動文の主語を背景化するもの」(p.216)がある。「対応する能動文の補語を前景化」とは，能動文の補語を主語に変え，その名詞に焦点をあてることであり(9)，「対応する能動文の主語を背景化する」とは「対応する能動文の主語を事態の叙述の中心からはずしたり，文中から消去したりする」こと(10)としている。

　　(9)　私は，昨日，買い物に行った。駅前を歩いているとき，(私

は)知らない人に話しかけられた。　（文法研（編）2009：216）

(10)　会議の途中でコーヒーが運ばれてきたので，私たちは休憩を
とることにした。　（文法研（編）2009：217）

　間接受身文とは「対応する能動文の表す事態には直接的に関わっていない人物を主語とし，話し手がその人物と事態を主観的に関係づけ，事態と間接的な関係をもったものとして表現する受身文である」（p. 216）としている。

(11)　私は買い物の途中で雨に降られた。　（文法研（編）2009：216）

「雨が降る」ことに「私」は，直接は関わっていないので，(11)の文は間接受身文になる。

　持ち主の受身文とは「対応する能動文のヲ格名詞やニ格名詞などの表す人や物の持ち主を主語として表現する受身文」（p. 218）と定義されている。

(12)　田中が佐藤に肩をこづかれた。　（文法研（編）2009：218）

2.3　受身と自動詞

　益岡（1987）は，受動文を昇格受動文と降格受動文に分類している。昇格受動文は「或る存在が或る出来事の結果として心理的あるいは物理的影響を被る」「受影受動文」と「或る対象が或る属性を有している」ことを表す「属性叙述受動文」からなる（p. 183）。つまり，主語がある影響を受けることを表す受身と属性を表す受身を昇格受動文としている。それに対して，動作主を背景化することを目的とするのが降格受動文で，降格受動文では降格された「動作主は表面に現れないのが原則」（p. 191）であり，その結果項が一つ減る。そして，「自発性を表す適当な自動詞表現」がない場合「降格受動文がその穴を埋める機能を果たすことがある」（p. 192）としている。益岡（1987）は降格受動文が自動詞的な役割を果たすと述べている。

　能動主体を背景化することを動機とする受身があるということは文法研（編）（2009），志波（2015）も述べている。表1は文法研（編）（2009）と益岡（1987）の分類をまとめたものである。表の網掛けをした部分が自動詞相当と述べている。

表1　受身の種類(益岡1987，文法研(編)2009をもとに作成)

直接受身		間接受身	持ち主の受身
昇格受動文	降格受動文		

　これに対し，庵(2018)は，直接受身は影響の受け手を主語にした自動詞相当の表現で(p.16)，自動詞文と直接受身文は一項述語の文である点において共通であり，違いは(14)のように，直接受身では下線部が「「押す＋れる」のように分析可能である」こととしている(p.20)。

　(13)　私は(石につまずいて，)転んだ。

　(14)　私は電車の中で押された。　　　　　　　　　　(庵2018：20)

　益岡(1987)，文法研(編)(2009)，志波(2015)が受身の一部が自動詞相当であると述べているのに対し，庵(2018)は，受身は基本的に自動詞相当であるとしており，主張が異なる。

　庵(2018)は学習者を指導することを前提に，教え方として受身を自動詞と同様にとらえようという主張をしている。このようなとらえ方をすれば，自動詞を使う感覚で受身を使わせることができると述べている。

　しかし，本稿は，影響を受けたことを表現することが目的のものを直接受身とし，動作主を背景化することが目的の降格受身を自動詞的受身とする。それは，直接受身・間接受身の中にはヲ格をとるものがあり，自動詞とは必ずしも言えない例があるためである。

2.4　本稿の受身の分類

　本稿では受身を直接受身・自動詞的受身・間接受身・持ち主の受身と分類する。自動詞的受身は益岡(1987)の降格受身にあたる，項の数が減る受身である。実際には直接受身の中に昇格受身と降格受身が存在するが，本稿では，益岡(1987)の昇格受身にあたる，主語が影響を被る受身を直接受身とする。本稿の受身の区分を表2に示す。

表2　本稿の受身の種類

直接受身	自動詞的受身	間接受身	持ち主の受身

本稿の受身の分類の定義は以下のとおりである。

　直接受身は能動文が想定できるもので，影響を受ける側を主語にすることが目的の受身である。行為者が文面に現れていない場合でも行為者が想像できるものを直接受身とした。それは(15)のように受身になってもヲ格が残る場合もあり，自動詞的受身とは言い切れないものがあると判断したためである。

　　　(15)　反対尋問の場合は何を 聞かれるか分からない。言葉は丁寧
　　　　　　だが鋭い質問の連続に　　　　　　　　　　〈直接受身〉
　　　　　　　　　　　　　　　　　　　　　　(江川紹子『冤罪の構図』)
　　　　　＝(検事が)何を聞くか分からない。

　しかし，実際には，直接受身と自動詞的受身の判断は難しい場合がある。下の例を見てみよう。

　　　(16)　ある時，座敷に敷かれていた畳がそっくり，この馬車で運ば
　　　　　　れて行った。畳の剝がれた座敷は，坐板だけで広々とし，ソ
　　　　　　ファが一脚ぽつんと置かれていた。　　　　　〈直接受身〉
　　　　　　　　　　　　　　　　　　　　　　　(原民喜『作家の自伝』)

　(16)はソファを置いた行為者の存在がうかがえる状況を，ソファに焦点をあてて述べていると判断し，直接受身とした。そして，(17)は行為者不明で事態に焦点があるため，自動詞的受身とした。

　　　(17)　木簡に城名がみえる基肄城を除いて存続した年代は不明であ
　　　　　　るが，南部を含むこれら九州の諸城は「筑紫城」と総称さ
　　　　　　れ，大宰府・諸国司の管轄下に置かれた。　〈自動詞的受身〉
　　　　　　　　　　　　　　　　　　　　(熊田亮介『岩波講座日本通史』)

　これに対し，(18)も自動詞的受身と考えられるが，「軍が管轄下に置いた」ともとれ，直接受身か自動詞的受身か分類が難しいと考えた。

　　　(18)　千九百五十七年末にスカルノ大統領が労働組合に命じて，農
　　　　　　園・海運などのオランダ企業を接収させた時，国営企業と
　　　　　　なったそれらの企業は軍の管轄下に置かれた。
　　　　　　　　　　　　　　　　　　　　　　(木村宏恒『地球村の思想』)

　間接受身は主観的に事態を主語の人物と関係させる受身であり，主語

と補語を入れ替えて能動文にできないものである。間接受身は文法研（編）(2009)で「文中の名詞の数が1つ増える」(p.237)受身であるとされており，自動詞的受身の考察の対象にはならない。間接受身は主語の立場から事態をとらえなおす受身文で自動詞文の場合も他動詞文の場合もあるため，自動詞的受身について検討する対象とはしにくい。

　持ち主の受身は持ち主を主語にする受身である。(19)では「私の能力」の「私」が受身の主語になっている。これも他動詞文が出現する場合があるため，自動詞的受身の考察の対象とはならない。

(19)　借入れができれば，公庫以外でも考えられるが，何を基準に
　　　借入れ能力をみられるのでしょうか。　　　〈持ち主の受身〉
　　　　(『住宅金融公庫融資の廃止・存続に関するアンケート結果報
　　　　告書』)

　自動詞的受身は益岡(1987)の降格受動文にあたる文で，行為者が不特定多数であったり行為者を表現することに価値が置かれなかったりする受身であり，対応する能動文がない。あるいは項が1つ減る。

(20)　原発反対というのなら電気を使うのをやめたらどうだという
　　　声も聞かれた。　　　　　　　　　　　　　〈自動詞的受身〉
　　　　　　　　　　　　　　　　　(大谷昭宏『関西電力の誤算』)

　(20)は「声があがった」「意見があった」に相当する自動詞的受身である。この文には対応する能動文は考えにくい。庵(2018)が受身は基本的に自動詞であると定義しているのに，あえて自動詞的受身という用語を本稿で使うのは，(15)(19)のようなヲ格をとる直接受身や持ち主の受身などと区別して明確に自動詞である受身を取り上げたいと考えたためである。

2.5　話し言葉・書き言葉と受身

　横田(2011)は会話と新書，江田(2013)は会話・ブログ・新書のコーパスを用い，話し言葉と書き言葉の受身について調査し，会話では「私」の視点から述べられる直接受身が多いのに対し，新書では行為者不明の自動詞的受身が大半であることを述べている。よって本稿の対象とするのは書き言葉が適当であると判断される。

2.6　動詞の多義性と自他の対応

　使用頻度の高い動詞には多義の動詞が多い。辞書によって語義の数え方は異なるが，補助動詞を除いても，「する」は『三省堂国語辞典』(『三省堂』)で 15，『明鏡国語辞典』(『明鏡』)で 18，『例解新国語辞典』(『例解』)で 11，「見る」は『三省堂』で 12，『明鏡』で 17，『例解』で 7 と，多くの語義があげられている。これらの語義はすべて受身になるのであろうか。本稿は，語義と受身の関係を検討する。

　江田(2019)は BCCWJ の頻度の高い無対他動詞の語義と受身として使われる語義を比較し，次のことが分かったと述べている。

1) 他動詞はすべての語義で受身が作れるわけではない。
2) 動詞によって，能動文でよく使われる語義と受身で使われる語義が異なる場合がある。
3) 動詞によって，受身で使われた場合の意味が狭い語，ずれる語がある。

　本稿は江田(2019)より少し調査対象語数を増やし，1 節で述べた 3 点について調査した結果を述べる。

3.　調査方法

　書き言葉の受身を対象とするため，BCCWJ を用い，Tono ほか(2013)による BCCWJ 語彙表に従い，高頻度の無対他動詞について使用状況を調査した結果を表 3 にまとめた。

　他動詞の受身が自動詞的に用いられるという知識を用いて文章を読んだり書いたりする学習者は，大学などで学ぶ学習者が想定される。そこで，今回の調査の対象は，大学で学ぶ学習者が専門書を読む時に必要な表現ということで，BCCWJ の「出版・書籍」の社会科学・自然科学分野とした。

　高頻度の無対他動詞について，『中納言』を用い，短単位，語彙素読み「ミル」「モツ」「シル」「オコナウ」などで検索した。また，文字列検索で「見られ」「行われ」「持たれ」「知られ」などと受身形で検索し，不要な例は削除した。なお，高頻度語のうち，以下の語は今回の対

象としなかった。頻度順第1位の「言う」は自他両方の用法がある，「という」の形で使われることが多く本動詞としての「言う」が少ない，という2点から今回の対象外とした。頻度順第2位の「する」は「漢語＋する」の形式で別に扱う方がいいと判断した。第3位の「思う」は辞書（『三省堂』）に自他と表記されていた。第5位「やる」は「やられちゃった」などの口語的な表現が多く見られたので今回の調査とはそぐわない語であると判断した。第7位の「考える」は「考えられる」が受身か可能か分かりにくい。一方，「見る」は「見える」と，「聞く」は「聞こえる」と対になるが，「見られる」「聞かれる」という形も目にするので，対象とした。

　16位の「入れる」，17位の「出す」，20位の「つける」，21位の「あげる」，23位の「教える」は有対他動詞のため，対象外とした。

表3　BCCWJ動詞上位の語

語	動詞の順位	全体での順位	語	動詞の順位	全体での順位
言う	1	19	食べる	14	160
する	2	22	書く	15	163
思う	3	34	入れる	16	164
見る	4	67	出す	17	182
やる	5	77	買う	18	192
持つ	6	98	話す	19	195
考える	7	102	つける	20	204
作る	8	110	あげる	21	225
聞く	9	112	読む	22	261
使う	10	119	教える	23	267
とる[1]	11	132	置く	24	276
知る	12	134	呼ぶ	25	290
行う	13	146	飲む	26	307

1　「とる」は語彙素読み「トル」で検索した結果，語彙素の欄には「とる・取る・撮る・採る・執る」などの語があがっていた。辞書においてもこれらの語義を紹介しており，検索した受身の文でもこれらの意味が用いられているため，代表形として「取る」は使えないと判断し，「とる」を使うこととした。

よって本稿の調査対象とした語は「見る」「持つ」「作る」「聞く」「使う」「取る」「知る」「行う」「食べる」「書く」「買う」「置く」「話す」「読む」「呼ぶ」「飲む」の16語である。

辞書については，『明鏡』は語義の分類が細かく，項目間の違いを整理する時に煩雑になりそうなので，分類が少し大まかな『三省堂』『例解』を用い，語によって意味の分類がしやすいと思われた辞書を使った[2]。それぞれの語の補助動詞用法には触れなかった。

4．今回の対象語の概観

今回対象とした高頻度の無対他動詞について簡単に見ておく。

4.1　受身の出現状況

表4は動詞および受身形の出現数と割合である。表4の動詞の出現数には受身の場合も含み，「受身」には直接受身・間接受身など，自動詞的受身以外も含んでいる。

表4を見ると，動詞によって，よく受身として使う語，受身であまり使わない語があるこ

表4　動詞の出現数・受身の出現数と割合

語	出現数	受身	受身の割合
見る	10,111	145	1.4%
行う	9,244	3,745	40.5%
持つ	4,685	59	1.3%
知る	4,410	742	16.8%
作る	4,383	399	9.1%
とる	4,158	212	5.1%
使う	3,571	876	24.5%
聞く	2,811	156	5.5%
書く	2,435	455	18.7%
置く	2,212	603	27.3%
食べる	1,927	19	1.0%
呼ぶ	1,534	207	13.5%
読む	1,510	22	1.5%
話す	1,451	20	1.4%
飲む	1,195	9	0.8%
買う	1,145	18	1.6%

2　例えば『明鏡』の「とる」の語義は59項目あげられている。とても項目が多く，出現した用例の語義を振り分けた場合，ある語義がよく使われる語義であると明確に言える結果になるかどうか，危ぶまれた。

「聞く」は4項目あげられていた。①音・声を耳で感じとる。②話を情報として受け取る。③相手の言うことを受け入れる。④質問する。振り分ける場合判断に迷いそうに思われたのは①と②であった。「為政者は国民の声を聴かねばならない」という例があった場合，筆者は②に分類すると考えたが，『明鏡』はこの例を①に入れていた。

とが分かる。例えば「行う」「置く」「使う」などは受身の割合が高く，「飲む」「食べる」「持つ」「話す」「見る」「読む」などは受身の割合が低い。

　5節以下で取り上げる動詞については，「出現数」のうち100例を分析した。そして「受身」は，200例以下の場合は全例を分析した。200例より多いものは，うち100例を分析した。ただし使用する語義が多い「とる」「置く」については200例を分析した。

　16語と小規模な調査であるが，

　1）能動文と受身での語義の偏りの有無
　2）受身になった場合の意味
　3）直接受身と自動詞的受身のどちらで多く使われるか

以上の3点について動詞の使われ方を整理した。

4.2　語義の数

　調査した動詞を語義[3]の少ない順に並べた。ここに出した語義数は辞書の補助動詞以外の語義の数である。辞書は基本的に『三省堂』『例解』の両者の，語義の少ない方を使用し，辞書の語義数を記した。

　今回の対象の語の中で最も語義の多いものは「とる」で15の語義があげられていた（表5）。

表5　語義の数

語	数	語	数
行う	1	読む	5
聞く	3	使う	6
書く	3	知る	7
食べる	3	作る	8
飲む	3	持つ	10
話す	3	見る	11
呼ぶ	5	置く	12
買う	5	とる	15

5.　受身にした場合，使用語義に偏りがある語

　他動詞を受身にして用いた場合，動詞の語義からすぐに受身の意味が理解できる語と多少語彙教育が必要な語がある。例えば，「飲む」では以下のような例が出現したが，これは一定数の人が一般に塩茶やバター茶を飲んでいると容易に想像が可能である。このような例は6節で触れる。

3　辞書に書かれる動詞の意味を語義とし，文中で表現する内容を意味とする。

(21)　…した食生活のなかで，塩茶やバター茶が1日に4リットル
　　　も飲まれていました

（家森幸男『カスピ海ヨーグルトの真実』）

　本節では受身にした場合に語彙教育が必要な例をあげる。それは受身
と能動文でよく使う語義が異なる語，あるいは受身にした場合，その意
味が能動文での意味と異なる場合がある語である。

　以下に偏りがあるとみなした語「見る」「聞く」「持つ」「知る」「と
る」「置く」について見ていこう。

5.1　「見る」

1)「見る」の語義と受身の種類

　「見る」は能動文で使う場合は「1. 目でものの形や色などを感じとる
（目で感じる）」「5. あることから考えてこうだろうと思う（判断する）」
「2. 目をとおす」「3. しらべる」の用法が多い。

　「見られる」の例は145例であった。表6に示す。

表6　「見る」「見られる」での使用語義（『例解』）

番号[4]	語義	見る	見られる
1	目でものの形や色などを感じとる（目で感じる）	38	121
2	目をとおす	17	0
3	しらべる	14	0
4	医者が患者の体をしらべる	0	0
5	あることから考えてこうだろうと思う（判断する）	24	24
6	せわをする	1	0
7	自分で体験する	6	0
合計		100	145

　145例中，直接受身が9例，持ち主の受身1例，自動詞的受身が135
例であった（表7）。直接受身としたのは以下のような例であった。

　　（22）　自分に責任を持って行動できると他人から見られるようにす

4　表中の「番号」は辞書中に書かれている語義番号を表す。以後の表も同様。

るための技術を幾つか提案しました。　　　　　〈直接受身〉

（デナ・ミッチェリ（著）／川村正樹（訳）『アメリカ人を一週間
でその気にさせるビジネスアピール術』）

(22)は行為者が「他人から」と表示されており，直接受身と理解できる。

表7　「見る」受身の種類と数

直接受身	間接受身	持ち主の受身	自動詞的受身	合計
9	0	1	135	145

2)「見る」の自動詞的受身

「見る」がいろいろな意味で用いられるのに対し，「見られる」で用いられる意味は「1.目で感じる」「5.判断する」であり，それ以外の意味は受身になりにくく，語義の上では偏りがあるようである（図1）。

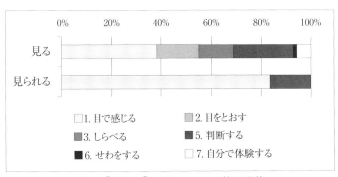

図1　「見る」「見られる」での使用語義

「1.目で感じる」の例文は以下のようである。

(23)　改革者や一般の人は，表面的な市政の状況だけを見ている。
「悪者」を市政府から追い出して，市政府を効率化すれば…
（平田美和子『アメリカ都市政治の展開』）

(23)は「表面的な…見ている」と述べられているので「目で感じる」の例とした。

「1. 目で感じる」を受身にした例は次のようである。

(24)　公庫廃止(民営化)を唱えている人達に多くみられる。
　　　(『住宅金融公庫融資の廃止・存続に関するアンケート結果報告書』)

(25)　否定的評価は，十九世紀後半から二十世紀初頭の改革者に典型的にみられ，それがマシーン打倒の運動へとつながっていったのである。　(平田美和子『アメリカ都市政治の展開』)

(24)(25)では，「見る」の具体的な行動は抽象化され，「ある」「存在する」という意味になっている。

一方，「5. 判断する」の例文は以下のようである。

(26)　「順応症候群」によって影響の過小評価が生じていることの表れと見ることができよう。
　　　　　　　　　　　　　　　(石川義之『教育アンケート調査年鑑』)

上の例の「見る」は目で見るというより「と考える」と読めるため，「5. 判断する」の意味を使ったものとした。

この「5. 判断する」は受身にすると，(27)のように「推測される」，(28)(29)のように「例のように」として用いられる。

(27)　さらに，グァテマラのティカルにおいては，祭祀センターと見られるアクロポリス形式の建築物群が建造されている。(＝と推測される)
　　　　　　　　　　　　　　(宮司正男『コミュニケーション行動発達史』)

(28)　日本でも千九百八十年代になると，女子雇用者の比率の上昇にみられるように，「労働力の女性化」が進んでいく。(＝の例のように)　　　(神野直彦『「希望の島」への改革』)

(29)　諸活動，ならびに死亡，傷害および広範に渡る財産破壊をもたらす爆破および放火に見られる，北アイルランド事件に関する一連のテロ行為のキャンペーンがあった。(＝の例のように)　　　(原著者不明／田島裕(訳)『イギリス憲法典』)

表8はどの意味が今回の調査でよく使われていたかを表したものである。「存在」が多いが，「推測」もある程度見られる。

表8　「見る」自動詞的受身の意味別種類と数

存在	推測	例示	合計
109	24	2	135

　「見られる」は「見る」「見える」と比べ，目で認識する，目に映るという意味ではなく，「存在」「推測」などの別の意味を表現しており，文法的なヴォイスというより新たな意味を表す語彙的なヴォイス（野田1991）になっていると言える。

　以下，本節の要点を述べておく。

- 「見られる」は「1.目で感じる」「5.判断する」の語義によって受身が作られる。
- 自動詞的受身としては，「存在」「推測」「例示」の意味を表す。

5.2　「聞く」

1)「聞く」の語義と受身の種類

　「聞く」は使う語義によって，受身が直接受身になりやすいか自動詞的受身になりやすいかが分かれる語である。

　「聞く」は「1.音・声などを耳で感じる，話を理解する（耳で感じる）」，「3.相手の考えを知るために質問する（質問する）」「2.聞いて承諾する」の順に多く使われている。「聞かれる」は「3.質問する」「1.耳で感じる」の順に多く使われている（表9）。

表9　「聞く」「聞かれる」での使用語義（『例解』）

番号	語義	聞く	聞かれる
1	音・声などを耳で感じる，話を理解する（耳で感じる）	80	58
2	聞いて承諾する	6	0
3	相手の考えを知るために質問する（質問する）	14	98
	合計	100	156

　次ページの図2で見るように，受身になった場合，使用する語義は「3.質問する」がかなり多い。

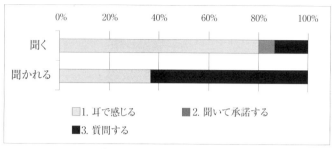

図2 「聞く」「聞かれる」での使用語義

　「聞かれる」は直接受身の割合が高い(表10)。「聞かれる」の語義と
それぞれの受身の種類を重ね合わせると,「3. 質問する」98例中96例
が直接受身(30),2例が持ち主の受身であった(31)。

(30)　「三角形の面積を出す公式はと聞かれたら,三角形の面積イ
　　　コール底辺かける高さ割る2です,と答えます」〈直接受身〉
　　　　　　　　　　　　　(大坪敏夫『向山型授業のシステムづくりの法則』)

(31)　自分の経歴が特に珍しいとは思わない。それでも誰かに経歴
　　　を聞かれると,「ずいぶん変わっているね」とびっくりさ
　　　れ,根掘り葉掘り聞かれることが　　　　　　〈持ち主の受身〉
　　　　　　　　　　　　　　　　　　(佐々田純子『中学生学校と闘う』)

表10 「聞く」受身の種類と数

直接受身	間接受身	持ち主の受身	自動詞的受身	合計
96	1	3	56	156

　一方,「1. 耳で感じる」は58例中,自動詞的受身が56例,直接受身
が1例,間接受身が1例(32)となった。

(32)　ウドン　都合が悪いこと。ソバに聞かれてはまずい人がいる
　　　場合に使う。　　〈間接受身〉(『教えます!　極道の世界』)

(32)はウドンという隠語の意味を説明している文である。そばに聞か
れてはまずい人がいる場合に,「ちょっとウドンだから」のように使

う，と述べている。そばにいる人は事態に直接関係しないので間接受身とした。

2)「聞く」の自動詞的受身

自動詞的受身は(33)のように「一般的に受け入れられる」，(34)のように「ある表現が広まる」という意味で用いられる。

> (33)　九十九年の暮れ頃から「eマーケットプレイス」という言葉が<u>聞かれ始め</u>，最近では新聞でも時折見受けられるようになった。（松本孝利『21世紀に勝ち残るITスピード経営』）

> (34)　韓国では386世代ということばがよく<u>聞かれます</u>。386世代とは，年齢が三十代，大学入学年度が八十年…
>
> 　　　　　　　　　　　　　　　　（任栄哲『韓国の日常世界』）

自動詞的受身の「聞かれる」は単純に音や声が聞こえるという意味ではなく，「一般的に受け入れられる」「ある表現が広まる」のように用いられ，意味が拡大したりずれたりしていると考えられる。

以下，本節の要点を述べておく。

- 「聞く」は受身にした場合に語義によって違いが見られる。「3. 質問する」は直接受身になりやすく，「1. 耳で感じる」は自動詞的受身になりやすい。
- 「聞く」の自動詞的受身は「一般的に受け入れられる」「ある表現が広まる」の意味になる。

5.3　「持つ」

1)「持つ」の語義と受身の種類

「持つ」での辞書の使用について述べる。「持つ」の語義は『例解』が7項目，『三省堂』が11項目であった。内容を見ると，『例解』は，所持するもの・感情・性質など，持つものによって語義を分類しているのに対し，『三省堂』は「手でにぎる」「身につけておく」「自分のものにする」など，持ち方などによって分類している。『例解』の方が語義数が少なく，より整理されているように見えるが，受身を考えた場合，「開催する」という重要な語義が『例解』には項目としてたてられていないため，「持つ」に関しては分類が少し詳しい『三省堂』を用いる。

　『三省堂』では「3. 自分のものにする(所有する)」「5. 保つ」「11. 認められる・備わる(備わる)」という語義があげられており，区別が難しく感じられた。本稿の分類基準は以下のようである。

　本稿では「手に入れる過程を経て自分のものにする」という意味を「3. 所有する」とした。「資格・財産」などと共に使っている場合に相当する。「獲得する」という意味でなく「元来持っている」「維持する」にあたる例を「5. 保つ」とした。「資質・障害」などと共に使われている場合である。「根拠・裏付け」などと共に使われた場合は「11. 備わる」に分類した。

　「持つ」100 例の意味分類は表 11 のようである。「5. 保つ」「3. 所有する」「8. ある気持ちを心に抱く(感情を持つ)」「11. 備わる」「9. 相手と関わるようになる」の意味が多かった。

　受身の種類を見ると，「持たれる」59 例中，直接受身が 21 例，自動詞的受身が 38 例であった(表 12)。

表 11　「持つ」「持たれる」での使用語義(『三省堂』)

番号	語義	持つ	持たれる
1	手でにぎる，手に取る	0	0
2	身につけておく，携帯する	0	0
3	自分のものにする(所有する)	18	0
4	家族や友人を得る	1	0
5	保つ	35	0
6	受け持つ	2	0
7	負担する	0	0
8	ある気持ちを心に抱く(感情を持つ)	18	44
9	相手と関わるようになる	12	0
10	開く，行う(開催する)	1	15
11	認められる，備わる(備わる)	13	0
	合計	100	59

表 12　「持つ」受身の種類と数

直接受身	間接受身	持ち主の受身	自動詞的受身	合計
21	0	0	38	59

（35）　国会議員はその責任を常に自覚していてもらわなければなら
　　　　ない。国民から軽蔑されたり，不信感を<u>持たれる</u>ようなこと
　　　　では困る。　〈直接受身〉（山本健治『これでも議員ですか』）

　（35）は国会議員が影響を受けることを表現しており，「国民から」と
行為者が文面に出ているため，直接受身とした。直接受身が受身59例
中21例と，その割合が比較的高いと言えよう。

2)「持つ」の自動詞的受身

　「持つ」の自動詞的受身は「8. 感情を持つ」「10. 開く，行う（開催す
る）」の語義に偏っており，「持つ」で多い「3. 所有する」「5. 保つ」
「11. 備わる」の語義では用いられない（図3）。

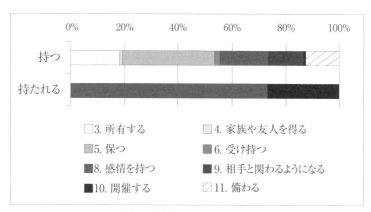

図3　「持つ」「持たれる」での使用語義

「8. 感情を持つ」の自動詞的受身は以下のようである。

（36）　各社に対しては，持株比率を二十％未満に押さえて，関連
　　　　会社にもしていない点にも疑問が<u>もたれる</u>。
　　　　　　　（井端和男『キャッシュ・フロー分析から何が見えるか』）
（37）　有効な介護が行われることによって医療に頼っていた高齢者
　　　　の生活に変化が現れることに期待が<u>もたれる</u>。
　　　　　　　　　　　　　（八島妙子『介護保障の課題と展望』）

語義「8. 感情を持つ」は受身になると，「疑いがある」(36)「期待でき

る」(37)というように,「ある感情がひとりでに出てくる」という自発の意味を表現している。自発については,寺村(1982)の研究もあるが,仁田(1997)は自発を「その事態がおのずから生起したもの」と定義し,「自発的受身」は思考・認知動詞や感情動詞によって作られると述べている(p.13)。「持つ」は「8.感情を持つ」の語義では感情動詞として使っていることになり,受身が自発の意味になるのであろう。

　「10.開催する」の語義では以下のような例が見られた。

　　(38)　「中央社会福祉協議会」の呼びかけによって,全国各地で「としよりの日」の催しがもたれた。

　　　　　　　　　　　　　　（井村圭壮・伊藤秀樹『高齢者福祉分析論』）

　　(39)　会議は,特別な議題がない限りは,四半期または半年に一度の会合がもたれている。

　　　　　　　（中村裕昭『金融機関コンプライアンスハンドブック』）

(38)(39)のように,「会合が行われる」という意味になっている。受身でない「持つ」においても「会合が行われる」という意味で文は作られるが,今回の調査では1例しか見られなかったのに対し,自動詞的受身では59例中15例がこの用法であった。

　「持つ」はその使用数全体に対して受身の使用率はかなり低い(表4)。しかし,「持つ」が自動詞的受身になると,「ある感情がひとりでに出てくる(自発)」「会合が行われる」という使い方がなされる。つまり,基本義に近い「3.所有する」「5.保つ」「9.相手と関わるようになる」「11.備わる」という語義は,受身になりにくく,自動詞的な「持たれる」は「持つ」の一部の語義だけによって作られる。その意味では,「持つ」の自動詞的受身は意味が狭まっていると言える。「持たれる」が自発,あるいは開催の意味で使われるということは,「持つ」だけを見ていたのでは意識化しにくい。また,能動文では「10.開催する」という使い方はかなり少ないのに対し,受身ではこの使い方が多くなることも特色と言える。

　以下,本節の要点を述べておく。

　・「持つ」は受身であまり使われない。

- 基本義では自動詞的受身は作られにくい。
- 「8. 感情を持つ」「10. 開催する」の語義によって自動詞的受身が作られる。
- 受身にした場合，自発，会合が行われるなど，意味が狭くなる。

5.4 「知る」

1)「知る」の語義と受身の種類

　「1. ある物事を心でとらえる（知る）」は何かの情報を取り入れるという意味，「3. 物事が分かる（分かる）」は新たに何かを発見するという意味ではなく，理解するという意味とした。

　「知る」「知られる」は表13のようになる。「知る」は「3. 分かる」「1. 知る」「2. 気がつく」「5. 実際に経験する（経験する）」の用法が多い。一方，「知られる」は「1. 知る」「3. 分かる」の語義もあるが，「4. 覚えている」(40・41)の用法が多い。「2. 気がつく」「5. 経験する」の語義では用いられにくいことが分かる。

表13　「知る」「知られる」での使用語義(『例解』)

番号	語義	知る	知られる
1	ある物事を心でとらえる（知る）	27	23
2	気がつく	14	1
3	物事が分かる（分かる）	37	27
4	覚えている	4	47
5	実際に経験する（経験する）	12	0
6	人とまじわっている	6	2
	合計	100	100

　受身の種類で見ると，ほとんどが自動詞的受身になり，直接受身になる例が非常に少ない(次ページ表14)。

表14　「知る」受身の種類と数

直接受身	間接受身	持ち主の受身	自動詞的受身	合計
2	3	0	95	100

2)「知る」の自動詞的受身

　「知る」は受身の場合,「1. 知る」「3. 分かる」もあるが,「4. 覚えている」という意味が用いられるため,「有名な」として解釈される例が多いことが分かる。

　　(40)　当時ハーバード大学の名学長として知られたジェイムス・コナントが委員長となっての小委員会がつくられていた。

　　　　　　　　　　　　　　　　　　　　　　　（小田実『小田実評論撰』）

　　(41)　殺人者として知られた者たちが,コロンビアの町を自由に闊歩しつづけている。　　　　　　　　　　　　　（『世界の人権』）

　それは受身になったことにより,状態性が表面化することによると考えられる。

　以下,本節の要点を述べておく。

・「知る」では「4. 覚えている」の語義によって受身が作られやすい。

5.5　「とる」

1)「とる」の語義と受身の種類

　「とる」は辞書(『例解』)では補助動詞以外の語義は 15 項目あげられているが[5],15 項目目は「にとって」の複合辞の用法なので,今回は 14 項目について検討した。「とる」は辞書に語義が多くあげられているだけでなく,それらがそれぞれ少しずつ使われている,非常に多義的な動詞であった。辞書の説明だけでは分かりにくいため,辞書にあげられていた例も共に載せ,例が出現しなかった項目は外して表 15 に示した[6]。

5　『三省堂』では 30 項目あげられている。

6　今回の資料で用例が出現しなかった意味は,「9. よぶんなものをのぞく。「ごみを―,草を―」」,「10. 身につけていたものをはずしたり,ぬいだりする。「ぼうしを―,ネクタイを―」」,「14. 注文して持ってこさせる。「すしを―,新聞を―,雑誌を―」」であった。

表15　「とる」「とられる」での使用語義（『例解』）

番号	語義	とる	とられる	辞書の例
1	自分のものでないものをうばう	1	14	金を−
2	小さい動物をつかまえる	2	0	魚を−，ネズミを−
3	必要なものとして自分のものにして，それを保つ（保つ）	16	7	場所を−，手間を−らせる
4	集める	2	1	標本の虫を−，きのこを−
5	人をやとう	0	1	新人を−
6	えらんで，どちらかを使う（選択する）	19	27	とるにたりない，AよりB
7	手に持ってなにかをする	0	2	ハンドルを−，政権を−
8	要点をとらえて，うまいぐあいにすすめる（措置する）	43	128	音頭を−，バランスを−
11	こちらのものにする	11	2	休暇を−，食事を−，席を−
12	相手に出させてこちらに納める	5	7	税金を−
13	ひきうける	1	0	責任を−
15	解釈する	0	5	〜という意味に−，悪く−
	合計	100	194	

　「あっけにとられる・気をとられる」などの例が18例と比較的多く出現したが，これは「あっけにとる」「気をとる」という形では使わないので，これらは慣用表現であると解釈し，今回の検討例からはずした。表4には「とられる」の出現例212例としたが，ここで分析する対象はこれら18例をのぞいた194例になる。

　「とる」は「8. 要点をとらえて，うまいぐあいにすすめる（措置する）」「6. えらんで，どちらかを使う（選択する）」「3. 必要なものとして自分のものにして，それを保つ（保つ）」が多い。「とられる」は「8. 措置する」「6. 選択する」が多い。そして，「とる」では該当する意味がとらえにくかった「〜という意味にとられる」という用法を「15. 解釈する」として別項目をたてた。

　「8. 措置する」と「6. 選択する」の使い分けは，「方法・対策・措

置・やり方・対応・仕組み・手段・手法・調和・段階・行動」などをと
る場合を「8. 措置する」とし，「態度・形・視点・建前・表現」をとる
場合を「6. 選択する」として分類した。

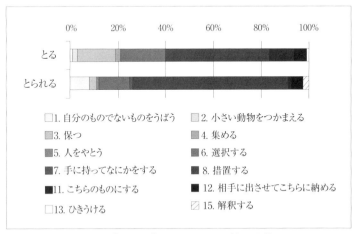

図4　「とる」「とられる」での使用語義

　受身の種類は表16のようであった。持ち主の受身が比較的多いが，
それは「家をとられる」「命まではとられない」「時間をとられる」など
のような文脈で「とる」を使うためである。この使い方の場合は「1.
自分のものでないものをうばう」の語義を用いている。

表16　「とる」受身の種類と数

直接受身	間接受身	持ち主の受身	自動詞的受身	合計
2	8	28	156	194

2)「とる」の自動詞的受身

　社会科学，自然科学の文脈では「方法をとる，措置をとる」「態度を
とる」などの用法が能動文でも受身でもよく使われるが，受身では
「6. 選択する」(42)と「8. 措置する」(43)の使い方が80％を占めており，

特にその傾向が強い。

　社会科学・自然科学の文献では，自動詞的受身は，辞書で最初にあげられている「1. 自分のものでないものをうばう」という語義からはかなり離れた意味で用いられることが多い。また，「15. 解釈する」の用法が多少ある(44)。

　　(42)　そのため，先進国を中心に，軍事力の使用に対しては従来に
　　　　　比べてきわめて抑制的な態度が<u>とられる</u>ようになった。
　　　　　　　　　　　　　　　　(「6. 選択する」)(神谷万丈『安全保障学入門』)

　　(43)　また，本児への虐待が認められない時点で，…乳児院入所措
　　　　　置が<u>とられている</u>場合もあり，施設との連携も必要となろ
　　　　　う。　　　　　　　　　　(「8. 措置する」)(山本真実『子ども虐待』)

　　(44)　点数がばらばらに分布しているときには，その表情はいろい
　　　　　ろな意味に<u>とられる</u>ことを示す。　　　　　(「15. 解釈する」)
　　　　　(アイブル・アイベスフェルト(著)／柴坂寿子(訳)『ヒューマ
　　　　　ン・エソロジー』)

　しかし，例えば，『名大会話コーパス』で「とられ」を検索すると，「スペースをとられる」「時間をとられる」のような表現が見られ，「とる」という語は文脈によって用いられる語義が大きく変わる語であるということがうかがえる。

　以下，本節の要点を述べておく。

・「とられる」は「8. 措置する」「6. 選択する」の語義によって自動詞
　的受身が作られることが多く，「15. 解釈する」の意味でも多少使わ
　れる。

5.6　「置く」

1)「置く」の語義と受身の種類

　「置く」は，それぞれの語義が分かりにくいため，辞書の例も共にあげた(次ページ表17)。

表17　「置く」「置かれる」での使用語義（『例解』）

番号	語義	置く	置かれる	辞書の例
1	もってきて，その場所にとどめる（置く）	22	39	本を棚に―，肩を手を―
2	施設などを設ける（設ける）	21	49	学校に保健室を―，委員会に書記を―
3	あいだに空白があるようにする	7	1	間を―，距離を―
4	道具を手放して活動をやめる	1	0	筆を―，はしを―
5	大事なものをすえる（定める）	26	23	重点を―，目標を―
6	ある状態がそのまま続くようにする（維持する）	16	1	念頭に―，心に―
7	わきにとりのける，除外する	4	6	この問題はしばらく―て次に進もう
8	かならずそうする（＝おかない）	3	0	必ずつかまえてぐうと言わせずにはおかない
9	ある状況にある	0	81	
	合計	100	200	

　図5で分かるように，「置く」は多義的であるだけでなく，それぞれの語義がよく使われるという点で特色のある動詞である。

　「置く」は「5.大事なものをすえる（定める）」「1.もってきて，その場所にとどめる（置く）」「2.施設などを設ける（設ける）」「6.ある状態がそのまま続くようにする（維持する）」などが多い。これに対し，「置かれる」は「2.設ける」「1.置く」などが多い。しかし，それ以上に多いのが「1.置く」と「2.設ける」の両者を合わせたような意味の使い方であった。本稿ではこれを「9.ある状況にある」として項目をたてた。

　（45）　エミールはどんな境遇に置かれても自由に生きていける。

（山岡龍―『西洋政治思想史』）

　「置く」の受身の種類は，自動詞的受身が77％であったが，直接受身も多少見られた（表18）。直接受身は「1.置く」の意味で用いられることが多い。

(46)　ビニールをかけたいくつかの置物などがところ狭しと<u>置かれ</u>
　　　<u>ている</u>。　　　〈直接受身〉（塩谷壽翁『異文化としての家』）

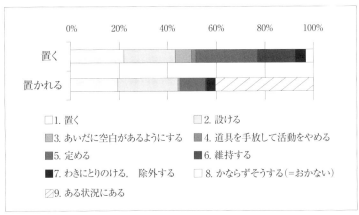

図5　「置く」「置かれる」での使用語義

表18　「置く」受身の種類と数

直接受身	間接受身	持ち主の受身	自動詞的受身	合計
40	6	0	154	200

2)「置く」の自動詞的受身

　「置く」は自動詞的受身としては「9. ある状況にある」の意味で用い
られることが多い。自動詞的受身の例154例中81例がこの使い方で
あった。

(47)　この選択は，クライアントの<u>置かれた</u>状況によって変わって
　　　きます。　　　（横田滋『介護保険・ケアマネジメントの技』）
(48)　このような差押債権者の<u>置かれている</u>不安定な地位を考慮す
　　　るときには，第三債務者が一般人…

（新堂幸司『権利実行法の基礎』）

　(47)(48)のように，受身になることによって，意志をもってその位置
に置くという意味や意図的に設置するという意味は薄くなり，ある主体

の存在する状況を描写するように使われている。

　この用法は文末に使われることが少なく,「置かれた状況」「置かれた立場」「〜に置かれ,〜」のように連体修飾節,連用修飾節の中で用いられることが多い。受身にした場合,「1. 置く」「2. 設ける」の語義でも用いられているが,本稿では新たな意味として「9. ある状況にある」という使い方をあげた。

　以下,本節の要点を述べておく。

- •「置かれる」は社会科学・自然科学の文脈では,「9. ある状況にある」という使い方がされる例が自動詞的受身の半数であった。
- •「ある状況にある」の「置かれる」は連体修飾節・連用修飾節内でよく用いられる。

6．使用語義に偏りがない語

　能動文と受身で使用語義に偏りがなく,能動文と受身で意味に違いが見られなかった語をあげる。今回調査した 16 語の中では「行う」「作る」「使う」「書く」「食べる」「読む」「飲む」の 7 語であった。その内,「食べる」「読む」「飲む」は,受身での使用そのものが「食べる」は 1927 例中 19 例(1.0％),「読む」は 1510 例中 22 例(1.5％),「飲む」は 1195 例中 9 例(0.8％)と少ない。

　「使う」を例にあげる。

「使う」

　「使う」でも「使われる」でも「1. ある目的のために役立たせる(使う)」「3. 消費する,費やす(消費する)」の語義がよく使われていた(表19)。

　受身の種類は直接受身が 12 例,間接受身が 2 例,自動詞的受身が 86 例となった(表20)。

表 19　「使う」「使われる」での使用語義(『例解』)

番号	語義	使う	使われる
1	ある目的のために役立たせる(使う)	68	84
2	人を働かせる	5	3
3	消費する，費やす(消費する)	14	11
4	よく注意して心を働かせる	6	0
5	言葉を話す	5	2
6	特別な技術をあやつる	2	0
	合計	100	100

表 20　「使う」受身の種類と数

直接受身	間接受身	持ち主の受身	自動詞的受身	合計
12	2	0	86	100

　直接受身と自動詞的受身の区別は能動文が想定できるもの，影響を受ける側を主語にすることが目的の受身とした(2.2，2.4 節)。

(49)　どのようなお金か，プリントを見て下さい。今はまだ使われていませんが，2002 年にユーロというお金に変わります。
　　　　　　　　　　　　　　　　〈直接受身〉(河原紀彦『中学授業のネタ』)

(50)　脳の視覚に関わる領域が拡大された代わりに，この器官が使われなくなり，今ではほんの小さな痕跡が残るだけで，ほとんど機能していない。　　　　　　　　　　　　〈自動詞的受身〉
　　　　　　　　　　　　　　　(今泉忠明『動物たちのとんでも恋愛術』)

　(49)は，まだ使っていないが 2002 年には人々がユーロを使う，という意味で行為者が想定できることから直接受身とした。(50)では行為者は見えず，器官が機能しないことを述べているため，自動詞的受身とした。

　「使われる」は多くが自動詞的受身として用いられていることが分かる(表20)。

　「使う」「使われる」で使用される語義については，「使う」の方がより多くの種類の語義が用いられてはいるが，語義の使用傾向に大きな差

はないと言えよう(図6)。

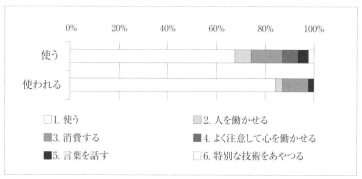

図6　「使う」「使われる」での使用語義

受身になった場合の意味も分かりやすい。

 (51) 従来評価は，賃金制度と密接なつながりの中で実施され，昇
   給・賞与配分のために，評価が<u>使われる</u>ケースが多かった。
          〈自動詞的受身〉(『能力主義管理』)

 (52) Section Ⅰ (50問／35分)では，日常会話でよく<u>使われる</u>口
   語表現やイントネーションの理解力も試される。
     〈自動詞的受身〉(佐藤隆美『アメリカ看護留学への道』)

 (51)は「ある目的のために役立たせる」，(52)は「言葉を話す」とい
う意味の自動詞的受身だが，動詞の意味は自動詞的受身になっても変化
していない。

 以上から分かるように，「使う」は受身になっても能動文で使うのと
同様の意識で使うことができる。「行う」「作る」「書く」「食べる」「読
む」「飲む」も同様である。

7.　能動文と受身での使用語義の偏りの分布
 5節で能動文と受身で使用する語義が偏っていると考えられる6語を
見てきた。

　使用語義に偏りがある例とない例について見てみよう。表21は能動文と受身での語義の偏りと語義数をまとめたものである[7]。

表21　能動文と受身で使われる語義の偏り

偏りがある			偏りがない		
語	語義の数	備考	語	語義の数	備考
聞く	3		行う	1	
話す	3	受身少ない	書く	3	
買う	5	受身少ない	食べる	3	
呼ぶ	5		飲む	3	受身少ない
知る	6		読む	5	受身少ない
置く	9		使う	6	
見る	11		作る	8	
持つ	11				
とる	15				

　16語と少ない語数であるが，無対他動詞の語義と受身の関係を調べてみた。16語のうち，受身で使用することが多い語は「行う」40.5％，「置く」27.3％，「使う」24.5％であり，受身の使用率が2％以下の7語は「見る」「持つ」「食べる」「読む」「話す」「飲む」「買う」であった（表4）。受身にした際，使用語義に偏りがある語は「聞く」「話す」以下9語であり，偏りがない語は「行う」「書く」「食べる」「飲む」「読む」「使う」「作る」である。

　受身で使うことが多い「行う」「使う」は受身にした場合も能動文での意味から簡単に意味が理解できる。一方，受身の使用が少ない「見る」「持つ」は受身にした場合意味がかなり異なる。受身でよく使うか否かと語彙教育が必要であるかは直接的には結びつかないようである。

7　今回，特に触れなかった「呼ぶ」について下記しておく。
　「呼ぶ」は受身にした場合，「声をかける」「来させる」「招く」の意味で使われる際にはすべて直接受身になっていた。一方「名づける」の意味で使われる際は直接受身もあるが，自動詞的受身が多く，語義によって受身としての使われ方が異なっているようであった。

　今回の結果では調査対象の語の約半数の動詞で，能動文と受身で使用する語義が偏り，受身にした場合の意味も異なる場合があるということが分かった。語義の偏りというには，そもそも語義がある程度なければならないため，語義数が少ない語では，今回見たような語義の偏りの現象は少ない可能性もある。しかし，語義数6の「使う」，語義数8の「作る」で，受身になっても語義の偏りが見られなかったことから，語義数が多ければ受身として使われる語義に偏りが発生すると簡単に言えないことが分かる。さらに対象語を増やし，調査が必要であろう。

　以下，本節の要点を述べておく。

- よく受身で使うかどうかと受身になった場合の語彙教育が必要であることとは関係がない。
- 語義が多いことと受身になった場合の語彙教育が必要なこととに関係があるかどうかは，現在のところ，まだ分からない。

8.　まとめ

　今回調査した16語のうち，受身になった場合，使用語義に偏りが見られた語は9語であったが，ある程度受身が使われる語はその内7語であった。

　使用語義に偏りが見られた語に関して，多義語のどのような語義が受身になるか，受身になった場合どのような意味になるかについて述べる。

　「見る」は「1. 目で感じる」「5. 判断する」の意味が受身になり，それ以外の意味は今回の資料では受身で使われていなかった。そして受身としては「存在」「推測」の意味で用いられており，「見る」の意味からはかなり異なる使い方がされていた。

　「聞く」は「1. 耳で感じる」「3. 質問する」の意味で受身が作られていたが「3. 質問する」は受身にした場合，直接受身になり，自動詞的受身は「1. 耳で感じる」の意味からのみ作られるというように，語義によって受身の種類が異なるという性質を持つ語であった。自動詞的受身の「聞かれる」は「一般的に受け入れられる」という意味になっていた。

　「持つ」は受身で使う頻度が非常に低く，一部の語義のみによって受身が作られる語であった。「8.感情を持つ」「10.開催する」の語義が受身で用いられ，前者は「ある感情がひとりでに出てくる（自発）」，後者は「会合が行われる」という意味になっていた。「持つ」の自動詞的受身は基本義からは離れた意味なので，語彙教育が必要であろう。

　「知る」は「1.知る」「3.分かる」「4.覚えている」の語義で受身が作られ，「有名な」という意味が読み取れる文ができていた。

　「とる」は「音頭をとる」「バランスをとる」などの表現になる「8.措置する」の語義で受身が多く作られており，「措置がとられる」「対策がとられる」のような表現が多かった。しかし，これは今回の資料が社会科学・自然科学であったためで，会話や小説などでは違った結果になることが予想される。

　「置く」の受身の多くは「1.置く」と「2.設ける」を合わせたような意味で用いられ，「9.ある状況にある」という意味を述べる場合に用いられていた。

　以上，今回調査した動詞の中では約半数に，受身として使う語義が偏っている語，能動文とは多少異なる意味で用いられるものが見られた。和語動詞には多義語があり，それらは基本義で用いられるとは限らない。語義について，あるいは受身になった場合の意味について注目すると，興味深い現象が発見できる可能性がある。

　しかし，今回の調査は非常に少ない語数しか取り上げていない。無対他動詞全体の中で，このような語義の偏りはよく見られることなのか，一部の語義の多い語あるいは使用頻度の高い語に見られる現象なのか，それらについてはさらに多くの語で観察を続ける必要がある。

参照文献

庵功雄（2012）『新しい日本語学入門』スリーエーネットワーク.
庵功雄（2018）『一歩進んだ日本語文法の教え方　2』くろしお出版.
奥津敬一郎（1967）「自動化・他動化および両極化転形 —— 自・他動詞の対応」『国語学』70，pp. 46-66（須賀一好・早津恵美子（編）（1995）『動詞の自他』pp. 57-81，ひつじ書房に所収）.

江田すみれ(2013)「テキストの違いと受身文の違い —— 会話・ブログ・新書の受身の使われ方をもとに」『テキストにおける語彙の分布と文章構造　成果報告書』pp. 13-30, 国立国語研究所.

江田すみれ(2019)「無対他動詞の受身と自動詞の関係 —— 語義についての検討」『日本語／日本語教育研究』10, pp.37-52.

志波彩子(2015)『現代日本語の受身構文タイプとテクストジャンル』和泉書院.

寺村秀夫(1982)『日本語のシンタクスと意味Ⅰ』くろしお出版.

中石ゆうこ(2002)「有対自動詞と有対他動詞の用法とその指導について —— 初級日本語教科書の分析の結果から」『広島大学大学院教育学研究科紀要. 第二部』第51号, pp. 385-392.

仁田義雄(1997)「自発的受身」『日本語研究』pp. 12-27, 東京都立大学国語学研究室.

日本語記述文法研究会(編)(2009)『現代日本語文法2　第3部格と構文　第4部ヴォイス』くろしお出版.

野田尚史(1991)「文法的なヴォイスと語彙的なヴォイス」仁田義雄(編)『日本語のヴォイスと他動性』pp. 211-232, くろしお出版.

早津恵美子(1987)「対応する他動詞のある自動詞の意味的・統語的特徴」『言語学研究』6, pp. 79-109.

益岡隆志(1987)『命題の文法』くろしお出版.

横田亜朱紗(2011)「コーパスを使用した受身文調査 —— 受動化の意味による分類から」『国文目白』50, pp. 90-99.

Yukio Tono, Makoto Yamazaki, Kikuo Maekawa(2013)*A Frequency Dictionary of Japanese*. New York: Routledge.

辞典

北原保雄(編)(2010)『明鏡国語辞典』(第二版)大修館書店.

見坊豪紀・市川孝・飛田良文・山崎誠・飯間浩明・塩田雄大(編)(2014)『三省堂国語辞典』(第七版)三省堂.

林四郎・野元菊雄・南不二男・国松昭(編著)(1997)『例解新国語辞典』(第五版)三省堂.

コーパス

『現代日本語書き言葉均衡コーパス』(BCCWJ) https://pj.ninjal.ac.jp/corpus_center/bccwj/

『名大会話コーパス』 https://mmsrv.ninjal.ac.jp/nucc/

中級学習者に対する自他動詞の授業とその効果

―― 授業，事前・事後テスト，遅延テストを通じて ――

1.　はじめに

　自動詞・他動詞は現場の教師もどのように指導すればいいか，頭を悩ませている問題の一つであろう。上級学習者になっても自動詞・他動詞の使用に誤用が見られる学習者もいる。

　本研究は，中級学習者に対して自他動詞について教室で指導し，その結果，自他動詞が使い分けられるようになったかどうかを，事前テスト，実践授業，事後テスト，質問紙調査，遅延テストを通して分析したものである。事前テストから質問紙調査までを 2018 年度に行い，遅延テストを 2019 年度に行った。

　中石(2017)は自他動詞の教育には，①自他動詞を両方知っていること，②自他の区別が合っていること，③他の形式と混同していないこと，の 3 点の認識が必要と述べた。

　本研究は中石(2017)の①と②を学習者に伝えて教育した場合，効果があるかを調査，分析したものである[1]。

1.1　本研究の特徴

　本研究の特徴について要点をまとめると下記のようになる。

---

[1]　③は他動詞と受身が混同されるなどの問題を指すが，今回の実践では自他動詞を見分けることを目的としたので，受身・可能などの活用形は扱わなかった。

- 中級学習者に，どちらが自動詞でどちらが他動詞かを伝え，自他動詞の選択ができるように授業を行った。
- 自動詞を使う文法事項，他動詞を使う文法事項を授業で取り上げた。
- 授業は8回行い，授業で扱う項目は各回2点ほどに抑え，学習者の負担を少なくした。
- 多義の自他動詞のうち，いくつかの語義だけ授業で取り上げた。
- 1回目の授業の前に事前テスト，8回目の授業の後に事後テストを行った。その8か月後に遅延テストを行った。

1.2　本研究の結果

本研究の結果について要点をまとめると下記のようになる。
- 事後テストでは点数が有意に上がった。
- 遅延テストでは事前テストとの間に有意な差はなかったが，点数は上がった。
- 自他動詞についての質問紙調査を行ったところ，自他動詞に関する文法事項10項目中7項目について，半数以上の学習者が知らないと答えた。
- 事後テスト，遅延テストの両者において，自動詞の点数と他動詞の点数の間に差はなかった。全体として自動詞が難しいという結果にはならなかった。
- 語による難しさの違いが見られた。それは学習者が触れる機会が多いか少ないかに必ずしも関わらない。

以下の2節で先行研究，3節で調査概要，4節で2018年度の調査の結果，5節で2019年度の調査の結果，6節で考察，7節でまとめと今後の課題を述べることとする。

2.　先行研究

自動詞と他動詞の違いについては奥津(1967)，寺村(1982)，早津(1987)，守屋(1994)，小林(1996)など，数多くの研究が重ねられてき

た。

　早津(1987)は二つの動詞の間に形態的，意義的，統語的な対応が成り立つ場合に自他の対応があると定義し，そのように対応がある動詞対を有対自他動詞としている。そして，有対自他動詞では自他の使い分けは以下のようであるとしている。

　　他動詞　「働きかけ」に注目する

　　自動詞　「働きかけの結果」に注目する

　しかし，本研究は自他の対応について，早津(1987)と異なった立場をとる。本研究は意義的，統語的な対応を重視し，必ずしも形態的に対応していない動詞対，例えば「いれる-はいる」「する-なる」も対のある動詞とする。それは，日本語教育ではこれらも自他動詞として扱って教えており[2]，この立場は学習者に日本語の現実を理解させるのに役立つと考えるためである。

　寺村(1982)は自動詞の両者がある動詞を相対自他動詞，対のない動詞を絶対自動詞あるいは絶対他動詞とした。しかし，一見対があるように見える動詞であっても，意味的には無対のものが含まれる場合があると指摘した。

　　（1）　誰カガ私ノ腕ヲツカンダ。

　×（2）　私ノ腕ガツカマッタ。　　（例文，正誤判断　寺村 1982：307）

　また，和語動詞は多義性が問題になる。森山(2015)は和語動詞の多義性について，学習者が和語動詞の産出を困難とする原因の一つであるとしている。

　本研究は，対のある自他動詞を対象とし，有対自他動詞という語を用いる。以後，特別に断らない場合も，自他動詞は対のある自他動詞を意味する。動詞の意味にも着目し，多義動詞の意味の中で，中級段階で優先的に学ぶ語義を選び，学習者に示すことにした。取り上げる語義の選定の仕方は後に述べる。また，形式的には有対であるように見える動詞の中で，意味的に無対になる場合には学習者に注意を促した。

2　『大地』『文化初級日本語』『みんなの日本語初級ⅠⅡ』を確認した。

　守屋(1994)，小林・直井(1996)，杉村(2013)は，学習者は他動詞より自動詞に困難を感じるようであると述べている。

　江田ほか(2018)は，中石(2017)の①②を踏まえ，

　　①自他動詞があるということ

　　②自他動詞を両方知っていること

　　③自他の区別が合っていること

の３点を認識させた場合，中級学習者は自動詞・他動詞が適切に選択できるようになるかを，授業，事前テスト，事後テスト，質問紙調査を行って分析・考察した。

　その結果，以下の点を述べている。

- 事前テストと事後テストの成績では，事後テストは有意に成績が上がった。
- 自他動詞の選択に関しては，自動詞と他動詞の間に点数の差はなく，一部の困難な項目以外は，教育すればできるようになる。
- 助詞の有無で結果を比較したところ，事前テストでは有意な差は見られなかったが，事後テストでは有意な差が見られた。つまり，事前テストでは助詞に注目していなかったが，事後テストの際には助詞が分かることで問題が解けるようになっていた。

　本研究は上記の事前テスト，事後テストに加えて８か月後に遅延テストを行い，自他動詞教育の効果は８か月後どの程度残るかを調査・分析したものである。

3．調査概要

3.1　2018調査／2019調査

　国内の日本語学校で学ぶ中級の中国語母語話者39名を対象に，①事前テスト，②自他動詞授業(8回)，③復習プリント，④事後テスト，⑤質問紙調査，の順で，実践授業，テスト，質問紙調査を行った。そしてその８か月後に⑥遅延テストを行い，記憶がどの程度維持されているかを調べた。この①〜⑤までを2018調査とし，⑥を2019調査とする。遅延テストの結果と比較するために，事前テストの結果，事後テストの結

果を使用した。なお，授業開始時にSPOT[3]を実施し，SPOTでの点数は65点満点中平均38.1点(正答率58.6%)，標準偏差13.0，最高点52点，最低点20点であった。

小林・直井(1996)は*Situational Functional Japanese*で学んだスペイン語母語話者を対象に自他動詞を含む広い意味のヴォイスの習得の調査を行い，自他の使い分けは困難なようであると述べている。

本研究と小林・直井(1996)との違いは，小林・直井(1996)が初級において自他動詞の教育を行ったのに対し，本研究では，中級学習者に自他動詞の両方を知らせ，どちらが自動詞で，どちらが他動詞であるかを認識させたこと，さらに多義語の多い自他動詞のどの語義に注目すべきかを提示したことである。どのような文法形式に着目して自他を選択するか，教材を作成してヒントを与える授業を行ったことも相違点である。

3.2　教材作成

学習者が自他動詞と文法事項を関連付けて考えられるように教材を作成した。作成した教材と授業に沿って，内容を説明していく(本節後半の表1参照)。

教材は，学習する自他動詞のペア，授業のポイント，手がかりとなる文法事項によって成り立っている(3.3節参照)。

授業1コマに3〜4対の自他動詞を取り上げ，その動詞のいくつかの意味とその例文を示した。

授業1は，①自動詞はひとりでに何かが起こることを表すのに対し，他動詞は人が何かを起こすことを表す，②自動詞は動作や作用の結果に着目するのに対し，他動詞は動作や作用に着目することを学んだ。中石(2002)は『しんにほんごのきそ』(スリーエーネットワーク1990)の自他動詞の扱いについて，「アスペクト形式の付加されていない自動詞文，他動詞文については説明されておらず，自動詞文，他動詞文自体の意味は，学習項目として取り扱われていない」(p.389)と指摘している。本

3　SPOT-Ver.2 (65問) を使用した。SPOT (Simple Performance-Oriented Test) は日本語学習者の日本語能力を簡単に短時間で測る聴解テストである (小林ほか1996)。

　教材は上の①②のように，まず，自動詞，他動詞の概念について取り上げた。

　授業2は，自動詞に「ている」がつくと結果の状態を表すのに対し，他動詞に「ている」がつくと動作や作用の進行を意味することを確認した。

　授業3は，（3）（4）のような例を示し，自動詞は結果に重点をおき，他動詞は動作や作用に重点があるということを復習した。

　（3）　ちょっと蹴ったら壁に穴があいた。

　（4）　壁に穴をあける。　　　　　　　　　　　　　　　（教材より）

　そして，自動詞は物が主語になることが多いが，人が主語の自動詞の場合もあるということを提示し，どのような動詞が人を主語にとるか，（5）のような例を示した[4]。

　（5）　4月に大学に入って，空手部に入った。　　　　（教材より）

　授業4では，文法項目との関連を指導することとし，「ように」の前は自動詞，「ために」の前は他動詞をよく使うことを取り上げた。これらは初級の学習項目ではあるが，教師からの文法説明を十分に理解できる中級段階で自他動詞と関連付けて整理したいと考えた。

　授業5では，自他動詞の意味には対応するものと対応しないものがあ

---

[4]　早津（1987）は有対自動詞の特徴として「主語が非情物であること」（p.83）と定義している。しかし，「主語となっているものの移動を表す自動詞」では「非情物だけではなく有情物としての人も主語になりうる」として「集まる，入る，出る，進む，上がる，降りる，戻る」をあげている（p.89）。しかし，これらの動詞について早津（1987）は次の例をあげ［1］は成立するが，［2］は成立しないため，「集まる」は無対自動詞であるとしている。

　　［1］みんなも大統領官邸がどうなったのか見ようと集まってきているようだった。

　×［2］みんなを大統領官邸の前に集める。　　　　（p.89　正誤の判断も早津）

つまり，「集まる，入る」などは無対自動詞であり，人を主語とする有対自動詞はないという立場である。

　しかし，以下の両者は可能である。

　　［3］アルバイトを店の前に集める。

　　［4］アルバイトが集まる。

そこで，本研究では人を主語とする有対自動詞があるという立場をとる。

り，それらは個別に覚えなければならないということを以下のように示
した(資料1・2)[5]。

自他動詞　集中講座　第5回

☆今日のポイント☆
①自動詞他動詞の中には**いろいろな意味がある語**があり，そのうちの**一部
の意味だけ自他の対応がある**場合があります。(例：とおす　など)
②自動詞と他動詞で**よく使う意味が異なる**場合があります。(例：通す－通
る)

資料1　第5回授業時使用プリント1

---

[4](を)とおす(他)－(が)とおる(自)
(を)とおす(他)
①テレビやラジオを通して宣伝する。／あの人には，人を通して紹介しても
らった。　　　　　　　　　　　　　(「～を通して」の形で，何かを間において)
②書類に目を通す。／90年代を通して，彼女は日本のテレビ界のスーパース
ターだった。　　　　　　　　　　　　　　　(初めから終わりまでずっと)
(が)とおる(自)
※①の意味の「とおる」はない
③店の前をたくさんの人が通って行く。(ある場所を一方から他方へ動いてい
く)
④心配で食べ物がのどを通らない。／この部屋は風がよく通る。(穴・管など
を通り抜ける)

資料2　第5回授業時使用プリント2

　授業6では，自他動詞選択の手がかりとなる文法事項としてこれまで
の授業で取り上げたものを整理した。
　授業7では，自動詞の中に可能を意味する語があることも取り上げ

5　以下，「資料」として授業時配付物の一部を掲載する。

た。張(1998)は結果可能表現という用語を用い，これはある出来事や状態変化が実現するかどうかを表現できるとした[6]。しかし，本研究では有対自動詞一般に結果可能の意味があるという捉えかたではなく，有対自動詞の中に可能を意味する語がある，と伝えた。

（6）　このかばんには書類がたくさん入る。／この球場には観客が5万人入る。（中に収められる）

（教材より）（『例解新国語辞典』第五版）

授業8では，自動詞の中に，受身の意味を持つ語があるということも取り上げた。「見つかる」などである。

（7）　カンニングが先生に見つかって，怒られた。　　（教材より）

以上の授業の流れと教材内容を，表1にまとめた。

表1　実践授業の流れと教材内容

	動詞(他－自)	授業のポイント	手がかりとなる文法事項
SPOT			
事前テスト／オリエンテーション			
授業1	返す－返る／始める－始まる／消す－消える	①自動詞はひとりでに何かが起こる／他動詞は人が何かを起こす ②自動詞は動作や作用の結果に着目／他動詞は動作・作用に着目	助詞が(自動詞)／を(他動詞)
授業2	かける－かかる／出す－出る／伝える－伝わる	自動詞＋ている→状態(結果の状態)／他動詞＋ている→動作・作用の進行	～ましょう，～てください，～たいです→他動詞を使う表現
授業3	あける－あく／入れる－入る／直す－直る	①自動詞は結果に重点／他動詞は動作・作用に重点がある ②自動詞の主語は物が多いが，人も主語になりうる(入る)	意向形→他動詞を使う表現

6　張(1998)は，ある出来事や状態変化が実現するかどうかを問題にする表現を結果可能表現とし，外部からの働きかけとその結果，変化が起こることを意味する動詞によって表現される。そして，有対自動詞は「人為的な変化を表すものが多く，」「結果可能の意味を表す表現に最もふさわしい」とした(p.109)。

	動詞(他－自)	授業のポイント	手がかりとなる 文法事項
復習プリント①			
授業4	入れる－入る／ つける－つく／ 流す－流れる	①自動詞は人も主語になりうる （入る） ②「ように」の前は自動詞(＝無意志 動詞)をよく使う ③「ために」の前は他動詞(＝意志動 詞)をよく使う	「〜と…」の後件は 自動詞を使うことが 多い
授業5	片付ける－片付 く／増やす－増 える／並べる－ 並ぶ／通す－通 る	①自他の意味には対応するものと対 応しないものがある(通る－通す) ②自他でよく使う意味が異なる場合 がある	
授業6	決める－決まる ／気をつける－ 気がつく／にす る－になる／並 べる－並ぶ	①人が主語になる自動詞(並ぶ) ②自他動詞にはそれぞれ使うことが できる文法がある （他動詞→意向形など）	可能表現には意志動 詞を使う＝意志動詞 には他動詞が多い
復習プリント②			
授業7	見つける－見つ かる／入れる－ 入る(可能)	可能を意味する自動詞がある	「〜て，〜」連続動 作を表す時は意志動 詞＝他動詞の使用が 多い
授業8	隠す－隠れる／ 見つける－見つ かる(受身)	受身を意味する自動詞がある	
復習プリント③			
事後テスト／質問紙調査			

　授業で取り上げた文法事項の多くは初級で学ぶ項目である。しかし，初級段階では教科書の取り扱いも自他動詞と必ずしも関係させて説明しているわけではない[7]。また，学習者も文型を理解することに終始してい

7　例えば，『日本語初級2大地　教師用ガイド』28課では「自動詞＋ている」を教え

る可能性があり，自他動詞と結び付けて理解しているわけではないことは，4.2節の質問紙調査の3)から読みとれる。

　これらの文法事項の中には，本来は意志動詞，無意志動詞の問題であって，正確には自動詞，他動詞の問題とは言えないものもある。しかし，今回は，多くの学習者にとって，自他動詞と文法が関係することを取り上げる最初の授業となる可能性があるので，これらの文法事項と自他動詞を関係させて授業を行った。次の実践ができるならば，無対自他動詞と有対自他動詞を整理し，意志動詞，無意志動詞という分類と自他動詞の関係を扱いたい。しかし，この内容を，自他動詞を扱う授業の最初の数回で扱うことは困難であろう[8]。

　今回の実践授業は，中級段階になった学習者にこれらの文法事項と自他動詞とを関連させた教育を行うことで，単語として自他動詞を記憶するだけでなく，語と文法を関連付けて理解し，使えるようになってもらうことを目的として行った。

3.3　授業について

　全8回の授業は，毎回45分程度で行った。前述の中石(2017)の①②を基本的事項として学習者に認識させた上で，自他動詞についての文法事項や各動詞の語義を提示し，練習問題を行った。

　自他動詞についての文法事項は，教材内で「今日のポイント」とし，学生たちが何を学べばいいのかを明確に認識できるようにした。また，この「今日のポイント」は二つまでとし，多すぎて学習者の学習意欲が無くなるということがないように注意した(資料3)。

るが，次のように記している。
　　　・自動詞に焦点を当てるので，他動詞との対照はしない　　　　　　　(p.40)
初級では，まずこの形を定着させることを重視している。しかし，その後，自他と「ている」の関係をどこかで整理し，学習者の気づきを促す必要がある。
8　次の実践に向け教材を作成しようとしたが，有対自他動詞に加えて，無対自他動詞を紹介し，それらを整理して記憶しようと学習者に呼びかけるのは，大変難しく感じる。教材の形にして学習者に示した場合，学習者が複雑さに尻込みするのではないかと危惧するためである。

自他動詞　集中講座　第3回

☆今日のポイント☆

①他動詞は**動作・作用**に，自動詞は**結果**に重点があります(あく)。

　(他)ドアを開けた。

　(自)ドアが開いた。

②自動詞は**物が主語になる**語が多いですが，中には**人が主語になる**語もあります(入る)。

資料3　第3回授業時使用プリント1

　各語の語義の提示では，授業が教師側からの説明だけにならないように，学習者に考えさせた。その後，教師は模範例を示し，学習者は書き写した。例えば資料4の「なおす−なおる」では，※を付した(　)内は学習者自身がプリントに記入した。

---

[4](を)なおす(他)−(が)なおる(自)

(を)なおす(他)

①こわれたスマホを修理に出して直した。／今の家電は自分では直せない。
　(正常な状態に戻す※)

②大学の志望書を書いて，先生に直してもらった。(間違いを訂正する※)

③英文を日本文に直して提出した。(改める，変える※)

(が)なおる(自)

①スマホは修理に出したら故障が直って調子がよくなった。／お母さんの機嫌がなおって子どもたちは安心した。(正常な状態にもどる※)

②作文を訂正して提出したら，間違いが直ってよくなったと先生に言われた。
　(間違いが正しくなる※)

資料4　第3回授業時使用プリント2

　例文を読み語義を確認するのと同時に，自他動詞を比べ，どちらが自動詞でどちらが他動詞か，それぞれどのような文の中で使われるのかな

どが学習者の記憶に残るようにした。

　各語の導入後に，2種類の練習問題を行った。練習問題Ⅰとして，自他動詞を使う状況が明確になるよう，読売新聞の朝刊に連載されている4コマ漫画『コボちゃん』の中から，対のある自他動詞が使えるものを用いた。漫画とそのストーリーを文章で表現したテキストを用意し，自他動詞の部分を選択問題として，文脈に合わせて自動詞と他動詞を選択できるか確認した。今回の授業で取り上げた動詞は，4コマ漫画を表現する時に必要な動詞である。

　練習問題Ⅱでは，「今日のポイント」に加えて，自他動詞とつながる初級文法項目を具体的に取り上げた(資料5)。

練習問題Ⅱ

今日のポイント

　　①他動詞は **動作・作用** に，自動詞は **結果** に重点がある(あく)。

　　　　(他)ドアを開けた。

　　　　(自)ドアが開いた。

　　②自動詞は **物が主語になる語が多い** が，中には **人が主語になる語もある**

　　　　(入る)。

☆+α ③ **意向形(〜よう，〜う)** は **他動詞** を使うことが多い

　　　　(出そう，あけよう，入れよう，なおそう，等)

- -

[1]出す―出る

1　教室が狭いので，使っていない机を廊下に(出そう・出よう)。

2　隠しておこうと思ったのに，不満が顔に(出して・出て)しまった。

3　ついに入試だ。明日から本気を(出して・出て)勉強しようと思う。

資料5　第3回授業時使用プリント3

　表1(3.2節)の「手がかりとなる文法事項」に分類した項目が該当する。例えば，「〜ましょう・〜てください・〜たいです」は他動詞を使

う表現(授業2)⁹, 「〜と…」の後件は自動詞を使うことが多い(授業4)な
どといったものである。

3.4　語義の選出

　和語動詞は多義動詞が多く, それらの語義のどれを授業で取り上げる
かの判断は, 現場の教師にゆだねられている場合がある¹⁰。辞書によって
は, 例えば『明鏡国語辞典』(第二版)では, 「かかる」は47, 「かける」
は48の語義が示されているというように, 非常に詳しく語義を分類し
ている辞書もあるが, 多くの語義の全てを扱うことはできないので, 今
回は1対の自他動詞に対して優先順位の高い語義を2〜4種類ほど紹介
した。語義の選択には, 辞書を検討し¹¹, 『現代日本語書き言葉均衡コー
パス』(BCCWJ)を用いて簡単な頻度調査を行い, その結果を参考にし
た。また, 自他動詞間で対にならない語義も取り上げた。基本的に, 漫
画『コボちゃん』に出てくる語義は取り入れた。

3.5　オリエンテーション

　授業に入る前にオリエンテーションを行った。授業で集中的に自他動
詞を取り扱うことについて触れ, なぜそのような授業をするか, 自他動
詞はどのような学習のステップを踏めば理解できるようになるのか, 数
多くある語義の中からどれを覚えたらいいのか, ということを学生と共
有した。

　具体的には以下のとおりである。まず, 今回は形の上では対のある自
他動詞を勉強することを伝えた。この時に自他動詞で対になっているも

9　人を主語とする自動詞と「〜ましょう・〜てください」などの関係は, 練習問題の
中に「すみません。3列に(ならべて・ならんで)ください」のような形で入っている。
10　本研究の執筆者2名(相澤・白鳥)の勤務する日本語学校では, どの語義を学習者
に提示するかについて, 学校の統一基準はなく, 各クラスでの語義の選択は現場の教
師の判断にゆだねられている。
11　『明鏡国語辞典』(初版/第二版)および『日本語基本動詞用法辞典』『三省堂国語
辞典』(第七版)『例解新国語辞典』(第五版)を用いて語義を比べ, 比較的な語義が整理
されている辞書を頻度調査に用いることにした。語によって辞書の分類が細かい場合
と比較的まとまっている場合があるため, 一つの辞書だけでなく, 語ごとにまとまっ
た語義が提示されている辞書を適宜用いた。

のがあるということについて確認した。その後，5つの自他動詞学習の
ステップを提示した。

　　　　1：どちらが自動詞で，どちらが他動詞かを知る
　　　　2：自動詞の使い方，他動詞の使い方を知る
　　　　3：どんな文の中で自動詞と他動詞を使うかを知る
　　　　4：多義の動詞の，どの意味を知っておけばいいかを知る
　　　　5：特別な使い方の自動詞と他動詞を知る

　このオリエンテーションを行うことで，自他動詞の何を学習すればい
いのかを具体的に意識させること，またこれらを学習すれば，自他動詞
が理解できるようになるかもしれないという学生の意欲を引き出すこと
を目指した。

3.6　事前・事後テストの内容

　テストは大問3題によって構成されている。事前テストでは大問3題
のうちの，問題Ⅰのみを使用し，事後テストでは問題Ⅰ～Ⅲの全ての問
題を使用した。

　問題Ⅰは，授業で取り扱った自他動詞の33題の選択問題である。正
解が自動詞である問題が20題，正解が他動詞の問題が13題であった
（以後，自動詞問題，他動詞問題とする）。自動詞問題は，可能の意味を
持つもの，受身の意味を持つもの，人を主語とするものなど，自動詞特
有の内容を授業で取り上げたため，問題数が他動詞より多くなった。

　問題Ⅱは，授業で取り扱わなかった動詞だが，自他の区別のみを提示
した上で，答えを選択させる問題で，全15問である。

　問題Ⅲは，4コマ漫画の状況に合わせて自他動詞を選ばせる問題で，
全6問である。漫画の状況を説明する動詞なので，授業で取り扱った動
詞も取り扱わなかった動詞もあった。問題Ⅲは，自他の区別は示さずに
選択させた。

　それぞれの問題文は，問題Ⅰは表3，問題Ⅱは表20，問題Ⅲは資料8
と図2に示した。

　問題Ⅰは授業で学んだことが定着したかどうか，問題Ⅱは自他の区別
が示されていれば文の中で自他の選択ができるか，問題Ⅲは自他の区別

を示さなくても文脈に合わせて適切に選択ができるか，自他の別を示した場合と結果に違いがあるか，を意図した。

　なお，それぞれのテストの後で，答え合わせや解答配付，解説はおこなっていない。

3.7　質問紙調査

　全8回の授業後に質問紙調査を行い，自他動詞学習に対する意識や勉強方法などを調べた。質問は以下のようであり，回答は適宜，選択形式と自由記述を設けた。

（1）　自他動詞の学習についての意識
（2）　初級段階での自他動詞の学習法
（3）　今回の教材内で提示した文法についての事前の知識
（4）　今回の授業に対する満足度
（5）　今回の授業で良かった点，悪かった点
（6）　今回の授業で分かるようになったこと

以下にこれまで述べてきた調査概要について要点をまとめておく。
- 教材には自他動詞の両方を提示し，どちらが自動詞でどちらが他動詞かを明示した。
- その授業で取り上げる文法事項，語義を制限し，学習者に負担をかけないよう配慮した。
- 自他動詞の特質を確認した。
- 自動詞を用いる文法項目，他動詞を用いる文法項目を教えた。
- 8回の授業の前にオリエンテーションを行い，何をするか，なぜ自他動詞を学ぶか，自他動詞と語義はどのように関係するか，学習者に伝えた。
- 自他動詞の学習について，質問紙調査を行った。

4．2018調査の結果

　2018調査は，①事前テスト，②自他動詞授業（8回），③復習プリント，④事後テスト，⑤質問紙調査までを指す。テスト・質問紙調査とも

に回答者数は 39 名である。この調査では，事前テスト・事後テスト問題Ⅰの比較，また，事後テスト後の質問紙調査の回答を分析した。なお，問題Ⅱ，問題Ⅲは 2019 調査で扱うこととする。

4.1　事前・事後テスト：問題Ⅰの比較

　問題Ⅰは自他の区別を示し，授業で語義と文法の教育を行った語についての選択問題である。事前・事後テストの平均点（100 点換算したもの）は事前 71.5 点から事後 86.7 点と上昇し，t 検定を用いて比較したところ有意差が見られた（$t(37)$ = -5.467, p=.000)（表 2）。

表 2　問題Ⅰ平均点

	事前テスト	事後テスト
平均点	71.5	86.7

　次に，それぞれの問題の正答率を見てみることとする。事後テストでは，全 33 問のうち 32 問は点数が上昇し，1 問は変化がなかった。平均は 86.7 点であったが，各項目の正答率を見ると，90％ 以上の問題が 17 問，80 〜 90％ の問題が 9 問であった。33 問中 26 問で正答率が 80％ 以上というのは，比較的良い結果であったと言える（表 3）。授業直後は記憶が新しく，効果が上がると言える。

　特に問題Ⅰ(15)(18)(20)(22)(23)(25)は，事前テストと事後テストでの正答率が 25 ポイント以上上昇し，授業の効果があったと言えよう。

　問題Ⅰ(22)は事前テスト 56.4％ から事後テスト 89.7％ と最も伸びが大きかった。「出す−出る」は初級の自他動詞の学習の際にも勉強する単語ではあるが，今回の授業の際には「不満が顔に出る」，「本気を出す」，「証拠を出す」といった初級では学習しない中級レベルの単語とも合わせて学習を行った。そうした中級レベルならではの学習の効果と，後述もするが，「が」「を」という助詞に着目できるようになったことが伸びにつながったのだと考えられる（表 5）。

　しかし一方で，事前でも事後でも，正答率が上がらなかった問題，正答率は多少上がったが点数があまり良くない問題がある。以下の 4 題である。

問題Ⅰ（6）田中さんは自分の娘をプロのピアニストに（する・なる）のが
　　　　　夢だと言っている。　　　　　　　　　　　（30.8％ → 46.2％）

問題Ⅰ（7）たくさん人を使うと仕事は早く（片付ける・片付く）。

（46.2% → 64.1%）

問題Ⅰ（9）料理上手な佐藤さんは，次々に料理を作って，テーブルに
　　　　　（並べて・並んで）いった。　　　　　（53.8% → 53.8%）

問題Ⅰ（26）今，あのお店に行けば限定品の商品が手に（入（い）れる・入
　　　　　（はい）る）らしい。　　　　　　　　（43.6% → 61.5%）

　これら4題については，2019調査で詳しく述べる。

表3　問題Ⅰ　正答率（%）

問題番号	問題文	事前テスト	事後テスト
1	その映画を見てから，世界一周が私の夢に（した・**なった**）。	82.1	94.9
2	政府はやっと今年の予算を（**決めた**・決まった）。	82.1	100.0
3	ポケットに携帯を（**入（い）れた**・入（はい）った）と思ったが，なかった。どこかになくしたのかもしれない。	71.8	92.3
4	すぐ緊張する性格なので，大勢の人の前で大声を（**出す**・出る）のは苦手だ。	87.2	97.4
5	決定的な証拠があったことから犯人は有罪と（決めた・**決まった**）。	82.1	92.3
6	田中さんは自分の娘をプロのピアニストに（**する**・なる）のが夢だと言っている。	30.8	46.2
7	たくさん人を使うと仕事は早く（片付ける・**片付く**）。	46.2	64.1
8	試合に負けたことがわかった瞬間，涙が（出して・**出て**）きて止まらなくなってしまった。	87.2	94.9
9	料理上手な佐藤さんは，次々に料理を作って，テーブルに（**並べて**・並んで）いった。	53.8	53.8
10	あとで友達が来るので，席を（**あけて**・あいて）おこう。	79.5	89.7
11	新しい家の内装は，あまりお金を（**かけないで**・かからないで），シンプルなものにするつもりだ。	69.2	87.2
12	同級生が頑張っている姿を見て，やる気が（出した・**出た**）。	84.6	94.9
13	中学生の時は反抗ばかりして，両親に苦労を（**かけた**・かかった）と思う。	82.1	94.9
14	ディズニーランドに早く入場したいなら，朝早くから（並べた・**並んだ**）ほうがいいよ。	64.1	76.9

問題番号	問題文	事前テスト	事後テスト
15	この箱のふたは，箱の重さが5キロになったら自動で(しめる・**しまる**)。	64.1	89.7
16	駅員さんが一緒に探してくれたので，定期を(**見つける**・見つかる)ことができた。	89.7	92.3
17	私の部屋の壁に，見たことがない絵が(かけていて・**かかっていて**)びっくりした。	92.3	97.4
18	あのレストランはいつも素敵なジャズを(**流している**・流れている)。	59.0	89.7
19	裁判では，原告の主張が(通した・**通った**)。	84.6	94.9
20	夏休みは，毎年宿題を早く(**片付けて**・片付いて)から遊ぼうと思っているが，結局ぎりぎりまでやらない。	66.7	94.9
21	電車に乗っていたら，急にブレーキが(かけて・**かかって**)転んでしまった。	87.2	92.3
22	このプロジェクトで良い結果が(出せば・**出れば**)次のプロジェクトのリーダーになれる。	56.4	89.7
23	走ってきたのか，彼の額からは汗が(流している・**流れている**)。	61.5	92.3
24	その資料を借りられるか，先生を(**通して**・通って)他の大学に頼んだ。	76.9	94.9
25	カンニングが(見つけ・**見つかり**)，先生にひどくしかられた。	74.4	100.0
26	今，あのお店に行けば限定品の商品が手に(入(い)れる・**入(はい)る**)らしい。	43.6	61.5
27	風邪が早く(なおす・**なおる**)ように，今日はゆっくり休むことにした。	66.7	84.6
28	すみません，このお店は何時まで(あけて・**あいて**)いますか？	71.8	82.1
29	その問題の解決策がやっと(見つけた・**見つかった**)。	76.9	79.5
30	ピアノコンクールの予選に(通して・**通って**)，とてもうれしかった。	61.5	84.6
31	彼女の機嫌(キゲン)を(**直す**・直る)ために彼は様々なプレゼントをした。	84.6	89.7
32	その事件に関して，世間では変な噂が(流している・**流れている**)。	71.8	92.3
33	新しく買ったリュックはパソコンや教科書などが楽に(入(い)れる・**入(はい)る**)。	66.7	79.5
	平均	71.5	86.7

　また，自動詞と他動詞の間で正答率に差が出たかを調べたが，事前テストでも，事後テストでも自他動詞間の正答率はほぼ同じで，自動詞の方が正答率が低いという結果にはならなかった（表4）[12]。これは，二つの動詞のどちらが自動詞でどちらが他動詞であると授業で示したこと，自動詞の使い方，他動詞の使い方の教育をしたことによるのではないだろうか。特に，今回は，自動詞では結果に着目すること，

表4　自他動詞間の比較(%)

	事前テスト	事後テスト
自動詞 （全20問）	71.3	86.9
他動詞 （全13問）	71.8	86.4

自動詞がともに使われやすい文法事項を紹介したこと，可能の意味を持つ自動詞があること，受身の意味を持つ自動詞，人を主語とする自動詞など，自動詞を使う場合を例とともに紹介したことが学習者にとって分かりやすかったのであろうと考える。

　学習者が問題を解いている状態を観察していると，授業で取り上げた文法事項に自発的に丸をつけながら考えている様子が見られた。この様子から，授業での知識が役に立っていることが分かる。

　次に，助詞がある問題と助詞がない問題を比較した（表5）。助詞「が・を」が文中に示されているものが26問，助詞がないもの，もしくは「が・を」が「は」に変

表5　助詞の有無の比較(%)

	事前テスト	事後テスト
助詞あり	73.7	89.2
助詞なし	63.4	77.6

わっているものが7問ある（5・7・9・14・15・28・30）[13]。助詞ありの問題の正答率は，事前テストが73.7%，事後テストが89.2%，助詞なしの問題の正答率は，事前テストが63.4%，事後テストが77.6%であっ

12　守屋 (1994)，小林・直井 (1996) は自動詞表現が難しいと述べている。
13　問題9は「料理上手な佐藤さんは，次々に料理を作って，テーブルに（並べて・並んで）いった。」という文で，文中に助詞「を」が入っている。しかし，正解した学習者は半数程度にとどまり，事前，事後で変化していない。助詞「を」に着目できず，直前の助詞「に」にひかれて間違えた可能性があると考えられる。そのため，ここでは仮に助詞なし問題に分類しておく。

た。問題数に偏りがあるため確実には言えないが，助詞がない問題の方が解きにくいことが現れている。

　また，助詞ありの問題を見てみると，先ほど述べた正答率が伸びなかった問題Ⅰ(6)(26)を除いて，事後テストでは平均点が80点〜90点前後，あるいはそれ以上であった。このことから，助詞をヒントに自他を選択するということができるようになったと考えられるだろう。

　以下に事前・事後テストの問題Ⅰの比較の結果の要点をまとめておく。

- 事前テストに比べ，事後テストでは点数が有意に高くなった。
- 点数が良くない問題が数題見られた。
- 自動詞を選択する問題と他動詞を選択する問題の間に，点数の差は見られなかった。
- 助詞のある文の問題と助詞がない文の問題では，助詞がある問題の方がやさしかった。

4.2　質問紙調査の結果

　以下では質問紙調査の結果について，述べる。

1) 自他動詞の学習についての意識

　質問1では複数回答可能の形で自他動詞学習についての意識を聞いた。表6は回答数の多い順に並べた。「①重要である」と思っている学習者は6割以上いた。次いで，「②難しい」と思っている学習者は半数以上で，約4割が「③苦手だ」と思っていた。「⑤覚えなければいけない」という認識を半数弱が持っていることが分かった。

表6　自他動詞の学習についての意識(%)

①重要である	64.1
②難しい	56.4
⑤覚えなければいけない	46.2
③苦手だ	41.0
④習っても使えない	20.5
⑥リストがある	20.5
⑦テストが多い	12.8
⑧その他	7.7

2) 初級段階での自他動詞の学習法

　質問2では複数回答可能の形で今までの自他動詞の学習方法を聞き，回答数の多い順に並べた(表7)。最も多いのは③の「場面や会話練習で

理解した」で，次いで②の「例
文で覚えた」，①の「リストで暗
記した」となった。「④特に覚え
ていない」学生が3割以上いた。
中石(2005a)は，学習者は自他動
詞を使い分けているとは言え
ず，「思いついた一方を使用」し
たり，「自他動詞対のうち一方の

表7　初級段階での自他動詞の学習法 (%)

③場面や会話練習で理解した	46.2
②例文で覚えた	43.6
①リストで暗記した	35.9
④特に覚えていない	33.3
⑤わからないままにしていた	7.7
⑥その他	5.1

みを様々な場面で使用」したりする傾向がある(pp. 158-159)と述べて
いる。④のように「特に覚えていない」と答える学習者が中石(2005a)
のような学習者に該当するのか，調査が必要であろう。

3) 今回の教材内で提示した文法についての事前の知識

　質問3では今回の授業前の知識の有無について聞き，次ページの表
8，図1に示した。「知っていた」と答えた割合が高かった項目の順に並
べた。

　今回取り上げた文法項目10項目中，半数以上の学習者が「知らな
かった」と答えた項目は7項目であった。「③自動詞＋「ている」が結
果の状態を表し，他動詞＋「ている」が動作・作用の進行を表すこ
と」，「⑦意向形，〜てある，〜ましょうなどは他動詞を使うことが多い
こと」を知らなかった学習者が半数以上いた。自動詞＋「ている」が結
果の状態を表すことは，教師は教えたつもりになっているが，学習者は
中級になっても約60％が「知らない」と答えている。近年は，初級で
は文法に深入りしないという教え方になっているようだが，中級あたり
で認識させるのも一つの方法であろう。⑦などは，学習者は自他動詞と
関係させて理解してはいないということであろう。あるいは個別の文型
を理解し使うことで精いっぱいで文型間の関係を探るところまで考えに
くい学習者もいるのであろう。

表8　「今回の教材内で提示した文法についての事前の知識」の選択肢内容

②「を」＋他動詞／「が」＋自動詞
①他動詞は動作・作用に注目し，自動詞は動作や作用の結果に注目する
④自動詞の中には人が主語になる語もある　例)大学に入る／窓口に並ぶ
⑥自動詞と他動詞でよく使う意味が異なる場合がある 　　例)通す・通る／気を付ける・気が付く
⑦意向形，〜てある，〜ましょう，〜なければならない，〜てください，は他動詞を使うことが多い
③自動詞＋「ている」→結果の状態を表す／他動詞＋「ている」→動作・作用の進行を表す
⑩「〜と…」の文型で，「〜と」の後ろは自動詞になる場合が多い 　　例)9時になると授業が始まる
⑧他動詞の可能形と自動詞の単語の意味が同じになる場合がある 　　例)財布を見つけられた＝財布が見つかった
⑤自動詞＋「(目的)ように〜」／他動詞＋「(目的)ために〜」の形でよく使う
⑨受身の形をしていなくても受身の意味になる場合がある 　　例)いたずらが母に見つかってしまった＝見つけられた

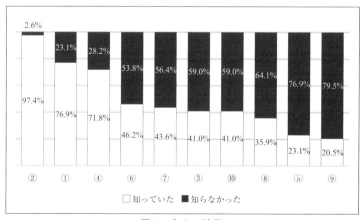

図1　表8の結果

　また，「⑨受身の形をしていなくても受身の意味になる場合があること」，「⑤「(目的)ように～」の前の述語は自動詞が多いこと，「(目的)ために～」の前には他動詞が使われること」を授業前には知らなかった学習者は8割近くいた。そして，「⑩「～と…」の文型の際に「～と」の後ろは自動詞になる場合が多いこと」も約6割の学習者が「知らなかった」と回答している。これらの回答からは，初級教科書に出てくる文法項目でも，自他動詞と関連させて教育されていたとは言えない，という結果となった。

4) 今回の授業に対する満足度

　質問4で今回の授業が役に立ったかどうかを聞いたところ，「役に立った」と答えた学習者は97.6%，「いいえ」は0%，未回答が2.4%であった(表9)。その理由を自由記述の形で求めたところ，「毎回の授業にポイントがあって理解しやすかった」，「自他動詞を選ぶ方法，文の前と後ろを見る，など知ることができた」，「自分が特に難しいと思っていた文法を勉強できたから」といった意見があった。これらの記述から，

今回の授業を通じて自他動詞への理解が進んだことがうかがえる。「文法のルールを知ることができ

表9　授業に対する満足度(%)

はい	いいえ	未回答
97.6	0.0	2.4

た」にまとめることができる回答が14件あった。

　また，「自他動詞について系統的な勉強がなかったので文法に関する内容は苦手でした」，「以前は映画やアニメで勉強しただけだったので文法は混乱していた状態でした」といった，以前の状態から改善が見られたという意見もあった。

5) 今回の授業で良かった点，悪かった点

　今回の授業で学習者たちが良かったと評価した点(複数回答可)をまとめた(表10)。「③毎回授業のポイントがあった」が79.5%，「①例文が多かった」が64.1%，「④動詞の意味をたくさん知ることができた」が41.0%，「②

表10　授業で良かった点(%)

③授業ポイント	79.5
①例文の多さ	64.1
④動詞の意味	41.0
②『コボちゃん』の使用	25.6
⑤特になし	2.6
⑥その他	2.6

練習に『コボちゃん』を使ったこと」が25.6％であった。

　毎回の授業のポイントを2点ほどにしぼって明示したことが，何が重要なのか，学習者に分かりやすく映ったようである。例文，語義についても評価を受けた。

　悪かった点は，「⑧特になし」と答えた学習者が半数近くいた。一方，「⑦難しくて混乱した」25.6％，「②語の意味が多い」15.4％と，与える情報量を少なくしたつもりであったが，それでも難しいと感じる学習者が一定程度いた（表11）。「「を＋他動詞」と「が＋自動詞」に関する練習問題は（既に知っている知識なので）ちょっと少ない方がいい」「知らない点に関する練習問題が多い方がいい」という意欲の高い学習者からのコメントも見られた。

表11　授業で悪かった点(%)

⑧特になし	46.2
⑦難しくて混乱した	25.6
②語の意味が多い	15.4
⑥練習問題が少ない	15.4
⑨その他	12.8
③例文が多い	5.1
⑤練習問題が多い	5.1
①語が多い	0.0
④説明が難しい	0.0

6) 今回の授業で分かるようになったこと

　自他動詞について分かったかどうかを聞いた質問に対しては，「①よくわかった」5.1％，「②だいたいわかった」66.7％と，70％以上の学習者が「わかった」と答えた（表12）。

　分かるようになったこと（複数回答可）は「②自他動詞を使う文法」が79.5％，「①自他動詞のルール」が71.8％，「③自他動詞の概念」が61.5％という結果であった（表13）。

表12　授業後の自他動詞への理解(%)

①よくわかった	5.1
②だいたいわかった	66.7
③少しわかった	25.6
④あまりわからなかった	0.0
⑤全然わからない	2.6

表13　授業後に分かるようになったこと(%)

②自他動詞を使う文法	79.5
①自他動詞のルール	71.8
③自他動詞の概念	61.5
④その他	7.7

この「分かるようになったこと」の「文法」「ルール」「概念」については，実際には以下のように質問した。

8，今回の集中講座の授業のあとで，分かるようになったことを教えてください。（複数回答可）

①自他動詞のルール　例）他動詞→助詞⓪／自動詞→助詞⓰

②自他動詞を使う文法　例）ために+他動詞／ように+自動詞

③自他動詞の概念（自他動詞にはどのようなイメージの違いがあるか）

④その他（　　　　　　　　　　　　　　　　　　　　　　　　）

資料6　アンケートの質問

これらの意見から，今回の授業は総じて満足度が高く，初級の時には分からなくても，中級になって自他動詞と初級文法を結びつけた学習を行うことで，より深い理解につながったと考えられる。

文法の教育については，学習と習得は異なるというクラッシェンの理論を受け，教室での文法教育に効果はあるか，という議論が行われてきた（大関 2010）。初級日本語教科書でも，文法は学習者が理解できる範囲に収めようとしているようである[14]。大関（2010）は，文法教育は「インプットだけでは気づきにくい形式や規則への気づきを促進したり，学習者の注意を言語形式に向けさせたりする効果がある」（p. 78）と最近の研究の傾向を述べている。

授業で取り上げたことは「教えたことがそのまま習得されるわけではない」（大関 2010：84）が，今回の自他動詞の実践授業は，事後テストの結果および学習者の意識調査では効果があったと評価できる。しかし，その効果が，時間がたっても残っているかどうかという点については遅延テストの結果を見てみたい。

---

[14]　『日本語初級2大地　教師用ガイド』の28課では自動詞で状態を描写することが学習項目だが，留意点として「自動詞に焦点を当てるので，他動詞との対照はしない」（p. 40）とされており，自動詞がどのような性質を持つ語であるかについては述べられていない。

以下にこれまで述べてきた質問紙調査の結果の要点をまとめる。

- 学習者は自他動詞を重要だとみなし，難しいと考えている。
- 学習者の自他動詞の勉強方法は，「場面や会話練習で理解した」，「例文で覚えた」，が多かったが，3割以上の学習者は「特に覚えていない」と回答している。
- 今回取り上げた文法10項目のうち，半数以上が「知らない」と答えた項目は7項目であった。例えば「ている」に他動詞がつくと動作・作用の進行，自動詞がつくと結果の状態を表す，ということを「知らない」と答えた学習者は半数以上いた。
- 8割近くが授業後に分かるようになったこととして「自他動詞を使う文法」をあげており，総じて満足度が高かった。

5.　2019 調査の結果

　2018 調査から8か月後の2019年2月に遅延テストを行った。2019 調査は事前テスト・事後テストと比較して遅延テストの結果を述べる。また，テストは問題Ⅰ〜Ⅲを全て行った。

　事後テストまでの2018調査は日本語学校の二つのクラスで行ったので，39名対象者がいたが，2019年には教師側の担当クラス変更があり，担当した中級クラスは一つであった。2019調査の対象者はそのクラスの学習者であり，事前・事後・遅延の全てのテストを受けた学習者は11名であった。

5.1　問題Ⅰの比較（事前テスト・事後テスト・遅延テスト）

　対象者11名の事前・事後・遅延テストの平均点（100点換算したもの）を比較した（表14）。

　遅延テストの点数は，事後テストと比べ下がってしまったが，事前テストよりは高いという結果となった。

表14　問題Ⅰ平均点（11名）

	事前テスト	事後テスト	遅延テスト
平均点	70.0	89.3	77.7

　事前テストと遅延テストの結果を比較したところ，事前テストの平均は70点，遅延テストは77.7点となり，統計的に有意な差は出なかった

$(t(10)=-2.053, p>.05)$が，8か月後も一定程度点数が上がった。

　次に，問題ごとに正答率を比較する。それぞれの問題の正答率を表15にまとめる。2018調査での問題Iの正答率は表3にまとめたが，表3と表15の正答率の傾向は多少異なる。

表15　問題I　正答率(%)(11名)

問題番号	事前テスト	事後テスト	遅延テスト	問題番号	事前テスト	事後テスト	遅延テスト
1	72.7	100.0	81.8	18	72.7	90.9	72.7
2	81.8	100.0	81.8	19	90.9	100.0	81.8
3	72.7	90.9	90.9	20	72.7	90.9	81.8
4	90.9	100.0	81.8	21	81.8	90.9	81.8
5	81.8	100.0	72.7	22	45.5	90.9	72.7
6	18.2	54.5	36.4	23	45.5	90.9	81.8
7	54.5	90.9	45.5	24	63.6	90.9	81.8
8	81.8	100.0	100.0	25	72.7	100.0	90.9
9	36.4	54.5	72.7	26	54.5	45.5	45.5
10	81.8	90.9	90.9	27	63.6	72.7	81.8
11	63.6	90.9	72.7	28	81.8	81.8	81.8
12	90.9	100.0	81.8	29	63.6	90.9	63.6
13	72.7	100.0	81.8	30	63.6	90.9	63.6
14	54.5	81.8	90.9	31	90.9	100.0	100.0
15	81.8	90.9	72.7	32	63.6	90.9	81.8
16	100.0	100.0	90.9	33	54.5	81.8	72.7
17	90.9	100.0	81.8	平均	70.0	89.3	77.7

　今回の対象者11名の問題ごとの正答率は，事後テストで100%になっているものが多かった。

　33問中，事前テストと比較して遅延テストの方が正答率の高い問題は18問，事前テストと遅延テストの正答率が同じだったものは6問，遅延テストの方が正答率の低かった問題は9問であった。

　遅延テストの方が正答率が高かった問題で特に注目したいものは，問題Ⅰ(3)(8)(9)(14)(22)(23)の6問である。問題(9)(14)(23)は36ポイント，(22)は27ポイント上昇している。問題(3)と(8)は事前テストから遅延テストの正答率が20ポイント近く上昇しているだけでなく，事後テストと同じ正答率であった。

　問題Ⅰ(9)は事前テスト・事後テストでは点数が低かったが，遅延テストでは上昇している。

　　問題Ⅰ(9)　料理上手な佐藤さんは，次々に料理を作って，テーブル
　　　　　　　に(並べて・並んで)いった。

(36.4%→54.5%→72.7%)

これらの問題では授業の効果がある程度残っていると考えることができる。

　学習者は全体的に日本語能力が上がっており，それゆえ，この正答率の上昇は実践授業の成果とは直接結びつかないのではないかという議論も考えられる。しかしながら，小林・直井(1996)は自他動詞の遅延テストの結果を報告しており，その中で，学習者について「日本語の学習を続け，日本語能力が上がっているにも関わらず自他の問題は8か月後の結果の方が悪い」(p.89)と述べているのと比較すると，今回の学習者は，他のインプットがあることを考えても，自他の選択においてある程度効果があったと言えるのではないだろうか。

　2018調査で正答率が低かった問題は問題Ⅰ(6)(7)(9)(26)の4問であったが，(9)以外は，2019調査で対象者の人数が減った場合でも良い結果とはならなかった。(6)(7)(26)は遅延テストで50%以下の正答率となっている。(7)は事後テストでは正答率が上がっているが，遅延テストでは大幅に下がってしまった。

　問題文を今一度以下にあげる。これらの問題は学習者の理解・定着に結びつきにくいものであったと考えることができる。

　　問題Ⅰ(6)　田中さんは自分の娘をプロのピアニストに(する・な
　　　　　　　る)のが夢だと言っている。(18.2%→54.5%→36.4%)
　　問題Ⅰ(7)　たくさん人を使うと仕事は早く(片付ける・片付く)。

$(54.5\% \rightarrow 90.9\% \rightarrow 45.4\%)$

問題Ⅰ(26)　今，あのお店に行けば限定品の商品が手に（入（い）れ
　　　　　　る・入（はい）る）らしい。　　$(54.5\% \rightarrow 45.5\% \rightarrow 45.5\%)$

（6）は「娘をピアニストにする」という使役的な意味の他動詞であ
る。（7）は「と」の後件の自動詞が使えるかどうかという問題である。
授業では自動詞が結果を表すという説明をしたが，（7）はそれに当ては
まると学習者が理解しにくかったのであろう。また，授業内で可能の意
味を持つ自動詞があるということを説明し，練習問題でも取り上げた。
(26)「手に入る」がそれに該当する動詞であったが，これも理解にまで
至らなかったのであろうと考える。

　次に，自他動詞間での結果を比
較する（表16）。

　2018調査の事前テスト，事後テ
ストにおいても自他動詞間の差が
見られなかったが，遅延テストに

表16　自他動詞間の比較（%）（11名）

	事前テスト	事後テスト	遅延テスト
自動詞	69.5	89.5	76.3
他動詞	70.6	88.8	79.7

おいても自他動詞間で大きな差はないという結果となった。先行研究に
おいて他動詞より自動詞の方が困難という結果になっていた（守屋
1994，小林・直井1996，杉村2013）のとは異なる結果となった。

　33問中，事前テストより遅延テストの方が正答率の高い項目は18問
あったが，自動詞問題は9問，他動詞問題は9問と，半々という結果と
なった。自動詞であるか他動詞であるかに関係なく，学習者にとって自
他動詞と関連させて定着しやすい文法項目があることが示唆された。

　一方で，事前テストと遅延テストで正答率に変化がなかった6問のう
ち4問は自動詞問題であった。また，遅延テストの方が正答率が低い9
問のうち，7問は自動詞問題であった。自動詞問題20問のうち半数以
上があまり良い結果にならなかったことから，自他動詞間での正答率の
差にはならなかったものの，自動詞関連の知識が定着しにくいことも示
唆された。

次に助詞がある問題とない問題を比較してみる(表17)。遅延テストにおいても，助詞がない問題の方が難しいということが示された。

表17　助詞の有無の比較(%)(11名)

	事前テスト	事後テスト	遅延テスト
助詞あり	71.3	90.6	79.4
助詞なし	64.9	84.4	71.4

5.2　問題IIの比較(事後テスト・遅延テスト)

問題IIは，次の自他動詞で出題した(「揺らす−揺れる」(6問)，「回す−回る」(3問)，「減らす−減る」(6問))。これらは，『コボちゃん』の漫画のストーリーを描写させるのに必要な語であった。しかし，この漫画の状況は学習者にとって理解しにくく，ストーリーの面白さも捉えにくい可能性があると判断したため，漫画そのものは使わず，自他動詞を示して文脈に合わせて選択させるテスト形式にした。問題IIは下に示した(資料7)。

問題II　文を読んで，正しいと思うほうに○をつけなさい。
問題に出てくる動詞の自他は以下のとおりです。

・揺らす(他)−揺れる(自)
・回す(他)−回る(自)
・減らす(他)−減る(自)

1　風が吹いているのだろう。木の葉が(ゆらして・ゆれて)いる。
9　ずっと右の方へ行かなければならないから，ハンドルを右に(まわして・まわって)固定しておこう。
12　アイスクリームやケーキを食べないようにしたら，体重は2キロ(減らした・減った)。

資料7　問題II

これら6語の扱いを，簡単に3種類の初級教科書で見てみた。以下のように，「へらす−へる」「まわす−まわる」は自他動詞の一方だけであっても3種類の教科書で取り上げているが，「ゆらす−ゆれる」を取り上げているのは1種類だけで，それも自動詞のみであった。

表18　3種類の初級教科書での問題Ⅱの語の扱い

教科書	へらす	へる	ゆらす	ゆれる	まわす	まわる
みんなの日本語	×	43課	×	×	23課	×
大地	×	19課	×	28課	×	まとめ6
文化初級日本語	×	23課	×	×	25課	25課

　この後，学習者は中級でさらに語彙教育を受けており，上の表は参考資料の位置づけであるが，初級段階では自他動詞の両方を満遍なく学ぶのは難しいことが分かる。

　問題Ⅱでは，どちらが自動詞か他動詞かは問題文の前に明示したが，それぞれの語についての説明はせずにテストをした。つまり，中石（2017）の①②の情報を学習者に与えた上で，文法が理解できていれば自他動詞の選択ができるのかを調べることを意図したわけである。

　問題Ⅱ全体の平均点を見ると，事後テストは87.9点，遅延テストは86.7点となり，遅延テストは若干下がったが，比較的良い結果となった（表19）。次に，問題ごとの正答率を見てみる（次ページの表20）。

表19　問題Ⅱ平均点

	事後テスト	遅延テスト
平均点	87.9	86.7

　事後テストでは15問中12問が80％以上の正答率となり，そのうち8問は100％であったことから，自他の区別が分かるものは，学習者は授業で学んだ知識を活かし，正しいものを選ぶことができることが多いという結果になったと考えられる。

　遅延テストでも11問が80％以上，うち9問が100％と，正答率が下降することなく保たれていた。

　語ごとに正答率を見てみると，「揺らす−揺れる／減らす−減る」は事後テスト，遅延テスト両方で正答率80％以上の問題が12問中11問であったのに対し，「回す−回る」は両方のテストで正答率80％以上のものが1問もなかった。

表20　問題II　正答率(%)

問題番号	問題文	事後テスト	遅延テスト
1	風が吹いているのだろう。木の葉が(ゆらして・**ゆれて**)いる。	90.9	100.0
2	さっき見たとき，女の子が公園のブランコを(**ゆらして**・ゆれて)遊んでいた。	100.0	100.0
3	今日の地震はとても大きかったし，このビルもずいぶん長く(ゆらした・**ゆれた**)。	100.0	100.0
4	高層ビルは地震のエネルギーを吸収するため，(ゆらす・**ゆれる**)ように作られている。	72.7	54.5
5	ボートを(**ゆらさ**・ゆれ)ないでください。転覆するかもしれません。	100.0	100.0
6	A大学に行こうと思っていたが，B大学にも合格したので，気持ちが(ゆらした・**ゆれた**)。	100.0	100.0
7	部屋の扇風機は，このボタンを押すと(まわす・**まわる**)。	100.0	54.5
8	月は地球の周りを(まわして・**まわって**)いる。	18.2	36.4
9	ずっと右の方へ行かなければならないから，ハンドルを右に(**まわして**・まわって)固定しておこう。	72.7	72.7
10	会社の業績がよくないので来年は人を(**減らさ**・減ら)なければならない。	100.0	100.0
11	環境のためごみを(**減らし**・減り)たいと考えて，買い物に行く時は袋を持って行く。	100.0	100.0
12	アイスクリームやケーキを食べないようにしたら，体重は2キロ(減らした・**減った**)。	90.9	90.9
13	若い人が都会に移っていくようになり，この町の人口は(減らして・**減って**)きた。	100.0	100.0
14	健康のために，最近はお酒の量を(**減らして**・減って)いる。	90.9	100.0
15	禁煙・分煙化が進んで，街中でたばこを吸えるところは(減らして・**減って**)いる。	81.8	90.9
	平均	87.9	86.7

　「回す−回る」を見ると，事後テストから遅延テストで正答率が大幅に低下したものが1問(問題II(7))，事後テストでも遅延テストでも非

常に正答率が低いものが1問(問題Ⅱ(8))あり，問題数が少ないので明確なことは言えないが，「回す−回る」の学習が難しい可能性があることが分かった(表21)。語による傾向が見られたことから，中石(2017)の①②を伝えただけで学習者が正答に直接結びつく語と，それらを認識していても別の情報が必要な語があると言えるだろう。

表21　問題Ⅱ　出題動詞ごとの正答率傾向

	事後・遅延 どちらも80%以上	事後→遅延 正答率低下	事後・遅延どちらも 75%以下
揺らす−揺れる	5問／6問	1問／6問 (72.7%→54.5%)	1問／6問 (72.7%→54.5%)
回す−回る		1問／3問 (100%→54.5%)	2問／3問 (18.2%→36.4%) (72.7%→72.7%)
減らす−減る	6問／6問		

　正答率の低下が見られた問題，また，事後テストでも遅延テストでも正答率が低かった問題を以下に示す。
　問題Ⅱ(4)　高層ビルは地震のエネルギーを吸収するため，(ゆらす・ゆれる)ように作られている。　　　　　　(72.7% → 54.5%)
　問題Ⅱ(7)　部屋の扇風機は，このボタンを押すと(まわす・まわる)。
　　　　　　　　　　　　　　　　　　　　　　　　　　(100.0% → 54.5%)
　問題Ⅱ(8)　月は地球の周りを(まわして・まわって)いる。
　　　　　　　　　　　　　　　　　　　　　　　　　　(18.2% → 36.4%)

　問題Ⅱでは，15問中9問が自動詞問題，6問が他動詞問題であった。上にあげた，正答率があまり良くなかった問題は全て自動詞問題であったが，それに関わる文法事項にも注目したい。
　問題Ⅱ(4)では「ように」の前件に自動詞が用いられやすい，問題Ⅱ(7)の「と」は，後件に自動詞が使われやすいと指導した。
　問題Ⅱ(8)は「経路・通過点」の「を」(市川 2005：28)を使っている問題であったが，今回の授業ではこの「を」には触れなかったので，学

習者はこの「を」も対象の「を」と考え，他動詞を選んだ可能性が考え
られる。また，この文では，自動詞を使っているが動作・作用の継続を
表現している。

　これらについては6節で考察する。

5.3　問題Ⅲの比較(事後テスト・遅延テスト)

　問題Ⅰ，問題Ⅱは動詞について自他の区別を示して選択させた。しか
し，問題Ⅲは自他の区別を示さず文脈だけ示して自他動詞を選択させ
た。自他動詞の区別を示されない語は文脈の中でどの程度選択できるか
を見た。扱った語は「する-なる」「折る-折れる」「隠す-隠れる」「か
ける-かかる」である。

　問題Ⅲは4コマ漫画の絵を説明した文で自他動詞を選択するものであ
る。漫画のストーリーを述べるのに必要な動詞を問う問題であったの
で，授業で扱った語も扱わなかった語も出題した。合計6問である。た
またま正答は全て他動詞となった。

　問題は次の資料8のとおりである。

問題Ⅲ　コボちゃんのマンガを読んで，正しいと思うほうに○をつけなさい。

　「カレンダーをご自由にお持ちください」という看板を見たお父さんは，1
つもらうことに　ア(しました・なりました)。

　しかし，家に帰ってカレンダーについている写真を見ると，水着のお姉さ
んの写真だったので，お父さんは「ありゃ，失敗したな」と思いました。
お父さんは，カレンダーを半分に　イ(折って・折れて)，写真の部分を　ウ(隠
して・隠れて)使うことに　エ(しました・なりました)。

　すると，それを見ていたおじいさんが，カレンダーの上に自分の絵を　オ(か
ける・かかる)ことを思いつきました。おじいさんは楽しそうに選んでいます。

　自分でカレンダーを半分に　カ(折った・折れた)お父さんでしたが，おじ
いさんの絵を見て「(おじいさんの絵を使うなら)写真でもよかったな…」と
思っていました。

資料8　問題Ⅲ　本文

図2　問題Ⅲ『コボちゃん』
読売新聞(2017年12月3日)

対象者11名の平均点は事後テスト81.8点から遅延テスト77.3点と下がった(表22)。

表22　問題Ⅲ平均点

	事後テスト	遅延テスト
平均点	81.8	77.3

次に,問題Ⅲの正答率を見てみる(表23)。事後・遅延テストともに,正答率が80%以上となったのは6問中3問で問題イ・ウ・カである。残りの3問ア・エ・オは,事後テストでも遅延テストでも60～70%程度の正答率であったり,遅延テストでの正答率が大きく下降したりしている。

表23　問題Ⅲ　正答率(%)

	問題文	事後テスト	遅延テスト
ア	もらうことに(**しました**・なりました)。※授業6：決定	63.6	72.7
イ	カレンダーを半分に(**折って**・折れて),※授業なし／助詞あり	90.9	81.8
ウ	写真の部分を(**隠して**・隠れて)　※授業8／助詞あり	100.0	100.0
エ	使うことに(**しました**・なりました)。　※授業6：決定	63.6	45.5
オ	絵を(**かける**・かかる)ことを　※授業2／助詞あり	90.9	72.7
カ	カレンダーを半分に(**折った**・折れた)お父さん　※授業なし／助詞あり	81.8	90.9

　問題Ⅲ(ア)　…1つもらうことに(しました・なりました)。

(63.6% → 72.7%)

問題Ⅲ（エ）　…写真の部分を隠して使うことに（しました・なりまし
　　　　　　　　た）。　　　　　　　　　　　　　　（63.6% → 45.5%）
問題Ⅲ（オ）　…自分の絵を（かける・かかる）ことを思いつきました。
　　　　　　　　　　　　　　　　　　　　　　　　（90.9% → 72.7%）

　問題数が少ないため，あまり規則性は見えてこないが，正答率が低い
もののうち，（ア）（エ）はともに「ことにする・ことになる」の問題で
あった。「する・なる」は問題Ⅰにおいても正答率が低かったことか
ら，学習者にとって理解・定着しにくい文法事項である可能性が示唆さ
れた。

問題Ⅰ（6）　田中さんは自分の娘をピアニストに（する・なる）のが夢
　　　　　　　だと言っている。　　　　　　　　　（30.8% → 46.2%）

　問題Ⅰの結果（5.1 節表 14），問題Ⅱの結果（5.2 節表 19），問題Ⅲの結
果を比較する（表 24）。

　問題Ⅰの事前テストが低く問題
Ⅱの遅延テストの結果が高いが，
それ以外は点数に大きな差は見ら
れないようである。問題Ⅰはテス
ト時には自他動詞の別の記載はな
いが，授業で扱った語である。文

**表 24　問題Ⅰ，問題Ⅱ，問題Ⅲ
の正答率の比較（%）**

	事前テスト	事後テスト	遅延テスト
問題Ⅰ	70.0	89.3	77.7
問題Ⅱ		87.9	86.7
問題Ⅲ		81.8	77.3

脈は授業ではあったがテストでは短文中での選択である。問題Ⅱは自他
の区別の記載はしたが，授業で扱った動詞も扱っていない動詞もある。
短文中での選択である。問題Ⅲは自他動詞の区別の記載はない。授業で
扱った動詞も扱っていない動詞もあった。文脈は漫画と文章によって示
された，という形式である。

　事前テストが低いことは，この授業以前の学習者の自他動詞の認識が
低かったことを意味していると言えよう。問題Ⅱについて事後テスト，
遅延テストで成績が良かったことは，自他の別が示してあれば今回の授
業の知識を使って学習者が自他動詞の判別に取り組み，選択にある程度
成功したと言えるかもしれない。問題Ⅱも問題Ⅲも問題数が少なく，特
に問題Ⅲは他動詞のみだったこともあり，簡単に結論は出せない。

以下にこれまで述べてきた2019調査の要点をまとめる。

- 事後テストの8か月後に遅延テストを行った。事前テストと比較すると，統計的に有意な差は見られなかったが，点数は上昇していた。
- 問題Ⅰの助詞あり問題と助詞なし問題を比較すると，遅延テストにおいても，助詞あり問題の方が正答率が高かった。
- 自動詞問題と他動詞問題の間では，遅延テストにおいても，正答率に差はなかった。自動詞全体，他動詞全体で比較すると差はないという結果になった。
- 語による難易度の違いが見られた。難易度の高い語には自動詞が多かったが，必ずしも自動詞だけということではなかった。
- 初級教科書での語の取り上げ方を見ると，初級段階で自他動詞の両方に触れておくことは難しいことが分かった。

6.　考察

　事前テストから遅延テストまで通して参加した11名の結果を中心に考察する。必要に応じて問題Ⅰに触れる場合は39名のデータを用いる。

　まず，語のみの記憶でなく，重要な語義を教える，自他動詞を選択するヒントとなる文法的な知識を教えるなどの授業を行った場合，学習者はある程度自他動詞の選択ができるようになるということが言える。実践授業直後の事後テストでは明確に点数が上がっていた。そして，その力は8か月後の遅延テストにおいても点数は一定程度維持されていた。

　自動詞と他動詞の間の難易度に関しては，全体的には，事後テスト，遅延テストのどちらにおいても差はなかった。

　自他動詞の全般的な傾向を見ると，他動詞は比較的やさしいのに対し，自動詞は，学習直後は理解するようだが，時間がたつと正答率が下がる語があることが見えた。

　助詞の有無に関しては，ヒントとなる助詞が文面に現れている問題の方が，助詞が「は」などの陰に隠れている問題よりやさしいことが分かった。

　学習者の誤用を検討すると，自他動詞の問題より，語による難易度の

違いがあるようである。中石(2017)の①②を与えても，語によって正答率に違いが見られた。例えば，「減らす‐減る」などはやさしく，「回す‐回る」「する‐なる」は難しい。「する‐なる」などは，学習者が触れる機会が多いにもかかわらず，正解率が低い。

　「する‐なる」では他動詞「する」が難しいという結果が見られた。「する‐なる」の問題を比較してみよう。

表25　「する」「なる」の問題と正答率(11名)(%)

問題番号	問題文	事後テスト	遅延テスト
Ⅰ(1)	その映画を見てから，世界一周が私の夢に(した・**なった**)。	100.0	81.8
Ⅰ(6)	田中さんは自分の娘をプロのピアニストに(**する**・なる)のが夢だと言っている。	54.5	36.4
Ⅲ(ア)	(カレンダーを)1つもらうことに(**しました**・なりました)。	63.6	72.7
Ⅲ(エ)	写真の部分を隠して使うことに(**しました**・なりました)。	63.6	45.5

　問題数が少ないので結論は出せないが，「なる」を選ぶ問題の正答率が高いのに対し，「する」を選ぶ問題の正答率は，Ⅲ(ア)は遅延の方が上がったが，それでも70%程度である。それ以外の2問は正答率が低い。中石(2004)は対のある自他動詞の一方のみを使用するパターンが見られ，そのパターンは動詞対によって異なる(p. 317)こと，中石(2005b)は活用形によって自他動詞の一方に使用が固定している学習者がいることを報告している(p. 28)。今回の学習者たちは「なる」に使用が偏っている学習者なのかもしれない。あるいは，「する」と「なる」に関しては，学習者の使用が「なる」に偏る傾向があるのかもしれない。機会を改めて「する」と「なる」の学習者の使用を見てみたい。

　「する」は他動詞だが，その他で正答率が低かった語には自動詞が見られた。自動詞の学習に難しい点がある原因はいくつかのことが考えられる。難しさの原因は語の問題だけではない。例えば後で述べる「回

る」のように，文法の問題を考慮しなければならない語もある。以下に自動詞の学習に難しい点がある原因について述べる。

　第一に，結果の概念が理解しにくいことである。それは，テンスの問題，文型の問題と関わる。今回は，自動詞は結果を示す場合に用いると説明した。しかし，結果の概念は実はそれほど簡単に理解できるとは言えないことが学習者の誤用を分析する中で見えてきた。テンスについては，自動詞は過去形で使えば結果を表現すると理解しやすいが，「たくさん人を使うと仕事は早く片付く」(問題Ⅰ(7))のように非過去形で用いる場合は，結果は表面化しているとは必ずしも言えず，結果という概念は分かりにくくなる。

　文型については，必然的な結果を表す「と」があげられる。初級では，「必ず起こる」と教えられることが多い(市川 2005：409)。しかし，学習者にすれば，「必ず起こること」と結果を結びつけにくい可能性がある。

　第二に，自動詞を用いる文法形式の中に学習者に定着しにくいものがある可能性である。「ように」と「と」について述べる。「ように」の前件には自動詞が使われやすいと説明したが，母語話者も，目的を「ように」より「ために」で表現する傾向があり[15]，従って学習者も「ように」に触れる機会が少ないと言えよう。また，授業で，「と」の後件に自動詞を使うことが多い，と示したが，これについても，学習者は「て」で前件と後件をつなぐ傾向があり，自他で「て」と「と」を使い分ける意識は定着しにくい(吉田 1994，金澤 2003，江田 2014)。

　第三に，日本語教科書や教師用指導書が初級では自他動詞と文法事項を関係づけて把握させる説明をしていないことがあげられる。例えば，一例として『みんなの日本語初級Ⅰ』23 課の「と」の文法説明の例をあげる。

15　森 (2011) は BCCWJ を用いて機能語の頻度調査を行っている。それによると，「ために」は BCCWJ 全体で 0.050％であるのに対し，「ように」は 0.017％であるとのことである (p.73)。

> V-dictionary form と，〜(main clause)
>
> This sentence pattern is used to indicate that if a certain action,
> situation or phenomenon(the one before と)occurs, then another
> action, situation or phenomenon(the one in the main clause, after
> と)will inevitably occur.　　　　　　　　　　　　　　　(p. 147)

　上のように「何かの行為・状態・現象などが起こった場合，別の行
為・状態・現象が必然的に起こる」と説明されているが，この課で学ぶ
「と」では，必然的に起こる事態が，習慣の場合以外は，自動詞がよく
使われる，あるいは結果を意味する語が使われるということは書いてい
ない。初級の段階では説明が困難であろうことは想像できるが，中級段
階で何らかの説明あるいは誤用に対する訂正をすることによって，例え
ば券売機の使い方の説明で「このボタンを押すと，私は切符を買いま
す」という文を学習者が作った場合，それは正しい文でないということ
に気づかせる必要があるだろう。自他動詞の教育をもっと積極的に授業
に取り入れ，その項目の一つとして「と」を取り上げてはどうだろう
か。

　学習者が自他動詞と文型を結びつけて理解していないことは質問紙調
査の結果からも読み取れる。質問紙調査の質問3では「と」の後件に自
動詞が使われることを「知らなかった」と答えた学習者が39名中23名
(59%)に上った。また「ように」の前件の述語に自動詞が使われること
を「知らなかった」学習者は30名(76.9%)であった(4.2節図1)。

　初級では学習者に負担がかかることを考慮して，自他動詞と文法項目
の関係は教えていない可能性がある(注7)が，中級の，十分説明が理解
できるようになった段階で，自他動詞を取り上げ，文法と関係させて整
理することによって学習者の理解が進むことが考えられる。

　第四に，筆者らに，自動詞関連の文法知識で理解が不十分な点があっ
たことがあげられる。有対自動詞は結果に重点があり，「ている」がつ
くと結果の状態を表すと授業で説明した。また，有対自動詞の中には人
が主語になるものがある(例「並ぶ」)ことに触れた。しかし，有対自動
詞の中には運動や作用を表し，「ている」がついて動作継続になる語も

あるが，これらに対する教師の説明がなかったため正答率が低かったと考えられる。「月は地球の周りをまわっている」（問題Ⅱ（8））などである。教師側もこのような自動詞があることを認識すべきである。自他動詞に関係する文法事項を整理し，それらをいつの段階でどのように提示し，どう定着させるかを考える必要がある。

　また，「経過域，出どころ」（庵2001：61）の「を」をとる自動詞の存在については，今回の実践授業では学習者を混乱させることを恐れ，取り上げなかった。8回の授業では他動詞は「を」，自動詞は「が」をとる，ということをまず定着させようと考えたためである。次に続く授業ができるのであれば，「を」をとる自動詞を紹介したい。

　以上，他動詞より自動詞の方に理解や定着が難しい文法項目や語があり，その結果，自動詞の方がやや難しい傾向が見られたと言えよう。

7.　まとめと今後の課題

　本研究は中石（2017）の自他動詞の教え方①と②を学習者に示して授業を行い，その結果を調べたものである。中石の①②は有効な知識であり，事後テストは39名の結果で効果が確認できた。

　遅延テスト（11名）は，事前テストより良かった。統計的に有意な差は見られなかったが，今回の実践はある程度効果があったと言えよう。

　自動詞が正解の問題と他動詞が正解の問題の間では，全体的に見て点数の差はなかった。それは，授業で自動詞関係の文法事項を教えたことによるのではないかと考えられる。文法の教育は，効果があると言えるのではないか。

　本研究は自他動詞の間の難易度より，語による難易度の方が大きく影響するという立場をとる。しかし，他動詞に比べ自動詞の方が長期的には定着しにくい語や文法が含まれる可能性が示唆され，その点では先行研究の結果を支持する結果となった。さらに問題数を増やして調査した場合，結果はどのようになるであろうか。

　自他動詞は初級で導入され，その後は2018調査の質問紙調査で示されたように，自学に任されている傾向がある。しかし，今回のように，

中級の，学習者が説明を理解できる時期に文法と語義を考えた適切な指導をすることにより，効果を上げることができるということが分かった。つまり，時期を考え，暗記させるのでなく理解を促す適切な指導をすれば，学習者は文脈に合わせて自他動詞を選択することが可能であると言えよう。

　また，質問紙調査の結果に見るように，今回の実践は学習者の満足度が高かった。それは，中石(2017)の①②に加え，文法と語義のポイントを明確に提示し，授業を重ねたことによる。筆者らはこれまで，自他動詞を取り上げ，集中的に授業を行ったことはなかった。しかし，今回の実践によって点数が上がったこと，学習者の高い満足度が示されたことにより，このような授業は効果があることが確認された。

　今後，このような実践を続けた場合にさらに効果が上がるかどうかを調べてみたい。問題Ⅲの形式のように，自他の別を与えずに文脈で自他を選ばせること，選択ではなく自発的な使用が可能になることを目的とする実践授業を組み立てたいと考える。

　自他動詞については，どのような語をどのような順番で，どのような語義とともに教えるか，どのような文法項目と共に扱うか，全体を見渡した教材が開発されることを願う。

参照文献

庵功雄(2001)『新しい日本語学入門　ことばのしくみを考える　第2版』スリーエーネットワーク.

市川保子(2005)『初級日本語文法と教え方のポイント』スリーエーネットワーク.

大関浩美(2010)『日本語を教えるための第二言語習得論入門』くろしお出版.

奥津敬一郎(1967)「自動化・他動化および両極化転形——自・他動詞の対応」『国語学』70，pp. 46-66(須賀一好・早津恵美子(編)(1995)『動詞の自他』ひつじ書房，pp. 57 81に所収).

金澤裕之(2003)「日本語教育における「〜と」接続文の位置づけについて」『日本學報』韓国日本學會予稿集，pp. 1-18.

江田すみれ(2014)「「て」による節の結合と「と」による節の結合の異同について——継起・必然的な結果・発見・時の用法」『日本女子大学紀要文学部』64，pp. 1-12.

江田すみれ・相澤早帆・白鳥藍(2018)「中級クラスにおける自動詞・他動詞の実
　　験授業の報告 ── 語彙教育・文法理解と状況理解を目的として」小出記念
　　日本語教育研究会，pp. 36-37.
小林典子(1996)「相対自動詞による結果・状態の表現 ── 日本語学習者の習得状
　　況」『文藝言語研究．言語篇』29，pp. 41-56.
小林典子・直井恵理子(1996)「相対自他動詞の習得は可能か ── スペイン語話者
　　の場合」『筑波大学留学生センター日本語教育論集』11，pp. 83-98.
小林典子・フォード丹羽順子・山元啓史(1996)「日本語能力の新しい測定法
　　<SPOT>」『世界の日本語教育』6，pp. 201-218.
杉村泰(2013)「中国語話者における日本語の有対動詞の自動詞・他動詞・受身の
　　選択について ── 人為的事態の場合」『日本語／日本語教育研究』4，
　　pp. 21-38.
張威(1998)『結果可能表現の研究 ── 日本語・中国語対象研究の立場から』くろ
　　しお出版.
寺村秀夫(1982)『日本語のシンタクスと意味 I 』くろしお出版.
中石ゆうこ(2002)「有対自動詞と有対他動詞の用法とその指導について ── 初級
　　日本語教科書の分析の結果から」『広島大学大学院教育学研究科紀要．第二
　　部』第51号，pp. 385-392.
中石ゆうこ(2004)「縦断的発話データに基づく対のある自他動詞の習得研究
　　──「きまる-きめる」「かわる-かえる」の使用状況から」『広島大学大学
　　院教育学研究科紀要．第二部』第53号，pp. 311-318.
中石ゆうこ(2005a)「学習者は自動詞，他動詞を使い分けているのか？ ── 発話
　　調査を用いた対のある自他動詞に関する習得研究」南雅彦(編)『言語学と日
　　本語教育Ⅳ』くろしお出版，pp. 151-161.
中石ゆうこ(2005b)「対のある自動詞・他動詞の第二言語習得研究 ──「つく-つ
　　ける」,「きまる-きめる」,「かわる-かえる」の使用状況をもとに」『日本
　　語教育』124号，pp. 23-32.
中石ゆうこ(2017)「日本語の自動詞，他動詞習得ルートとそれに適した指導方
　　法」日本女子大学主催 公開シンポジウム『日本語の自動詞・他動詞を考え
　　る』.
早津恵美子(1987)「対応する他動詞のある自動詞の意味的・統語的特徴」『言語
　　学研究』6，pp. 79-109.
森篤嗣(2011)「『現代日本語書き言葉均衡コーパス』コアデータにおける初級文
　　法項目の出現頻度」森篤嗣・庵功雄(編)『日本語教育文法のための多様なア
　　プローチ』ひつじ書房，pp. 57-78.

守屋三千代(1994)「日本語の自動詞・他動詞の選択条件」『講座日本語教育』29, pp. 151-165.

森山仁美(2015)「文脈における和語動詞語彙の産出」『日本語教育』161号, pp. 2-14.

吉田妙子(1994)「台湾人学習者における「て」形接続の誤用分析 ──「原因・理由」の用法の誤用を焦点として」『日本語教育』84号, pp. 92-103.

教科書

石沢弘子(監修)田中よね・澤田幸子・牧野昭子・御子神慶子(2016)『みんなの日本語初級Ⅰ 第2版 教え方の手引き』スリーエーネットワーク.

田中よね・牧野昭子・重川明美・御子神慶子・古賀千世子・沢田幸子・新矢麻紀子(1998)『みんなの日本語初級Ⅱ』スリーエーネットワーク.

文化外国語専門学校日本語科(2013)『文化初級日本語Ⅰ テキスト 改訂版』文化外国語専門学校.

山﨑佳子・石井怜子・佐々木薫・高橋美和子・町田恵子(2008)『日本語初級1大地 メインテキスト』スリーエーネットワーク.

山﨑佳子・石井怜子・佐々木薫・高橋美和子・町田恵子(2009)『日本語初級2大地 メインテキスト』スリーエーネットワーク.

山﨑佳子・石井怜子・佐々木薫・高橋美和子・町田恵子(2011)『日本語初級2大地 教師用ガイド「教え方」と「文型説明」』スリーエーネットワーク.

辞書

北原保雄(編)『明鏡国語辞典』(初版 2002／第二版 2010)大修館書店.

見坊豪紀・市川孝・飛田良文・山崎誠・飯間浩明・塩田雄大(編)(2014)『三省堂国語辞典』(第七版)三省堂.

小泉保・船城道雄・本田皛治・仁田義雄・塚本秀樹(編)(1989)『日本語基本動詞用法辞典』大修館書店.

林四郎・野元菊雄・南不二男・国松昭(編著)(1997)『例解新国語辞典』(第五版)三省堂.

コーパス

現代日本語書き言葉均衡コーパス(BCCWJ)https://pj.ninjal.ac.jp/corpus_center/bccwj

執筆者紹介(掲載順, *は編者)

中石ゆうこ　（なかいし ゆうこ）　県立広島大学大学教育実践センター・
国際交流センター准教授

中俣尚己　（なかまた なおき）　京都教育大学教育学部准教授

李　在鎬　（り じぇほ）　早稲田大学大学院日本語教育研究科教授

山崎　誠　（やまざき まこと）　国立国語研究所言語変化研究領域教授

建石　始　（たていし はじめ）　神戸女学院大学文学部教授

堀　恵子　（ほり けいこ）*　筑波大学・東洋大学・日本女子大学
非常勤講師
東洋大学人間科学総合研究所客員研究員

江田すみれ　（ごうだ すみれ）*　日本女子大学名誉教授
國學院大學・聖心女子大学非常勤講師

相澤早帆　（あいざわ さほ）　東京国際大学付属日本語学校専任講師

白鳥　藍　（しらとり あい）　学校法人 ISI 学園 ISI 外語カレッジ
専任講師

自動詞と他動詞の教え方を考える

初版第 1 刷 ————2020年 6月 30日

編　者 ————江田すみれ・堀　恵子

発行人 ————岡野秀夫

発行所 ————株式会社 くろしお出版

〒102-0084　東京都千代田区二番町4-3
［電話］03-6261-2867　［WEB］www.9640.jp

印刷・製本　シナノ書籍印刷　装　丁　庄子結香（カレラ）

ISBN978-4-87424-838-6 C3081